ANDRÉ DINIZ
Editor, Autor e Desenhista
da Editora Nona Arte

Desvendando e Dominando o OpenOffice.org

Editora Ciência Moderna

Desvendando e Dominando o OpenOffice.org
Copyright© Editora Ciência Moderna Ltda., 2005

Todos os direitos para a língua portuguesa reservados pela EDITORA CIÊNCIA MODERNA LTDA. De acordo com a Lei 9.610 de 19/2/1998, nenhuma parte deste livro poderá ser reproduzida, transmitida e gravada, por qualquer meio eletrônico, mecânico, por fotocópia e outros, sem a prévia autorização, por escrito, da Editora.

Editor: Paulo André P. Marques
Supervisão Editorial: Larissa Neves Ventura
Capa: André Diniz
Diagramação: André Diniz
Revisão: Rafael Souza-Ribeiro
Revisão de provas: Larisa Viana Câmara
Assistente Editorial: Daniele M. Oliveira

Várias **Marcas Registradas** podem aparecer no decorrer deste livro. Mais do que simplesmente listar esses nomes e informar quem possui seus direitos de exploração, ou ainda imprimir os logotipos das mesmas, o editor declara estar utilizando tais nomes apenas para fins editoriais, em benefício exclusivo do dono da Marca Registrada, sem intenção de infringir as regras de sua utilização.

FICHA CATALOGRÁFICA

Diniz, André
Desvendando e Dominando o OpenOffice.org
Rio de Janeiro: Editora Ciência Moderna Ltda., 2005.

Programas de computadores
I — Título

ISBN: 85-7393-403-4   CDD   001642

Editora Ciência Moderna Ltda.
R. Alice Figueiredo, 46 – Riachuelo
Rio de Janeiro, RJ – Brasil   CEP: 20.950-150
Tel: (21) 2201-6662/ Fax: (21) 2201-6896
http://www.lcm.com.br
lcm@lcm.com.br

Ao Lucas, meu sobrinho e afilhado, que veio para tornar ainda mais alegres os almoços de domingo em família.

Sumário

Introdução 1
Windows e Linux 4

Capítulo 1 - O OpenOffice.org como um todo 7
1 – Uma visão geral 7
    Ajuda imediata 9
    Botão pressionado 10
    Botão direito do mouse 10
    Ferramentas não disponíveis 11
    Menu desdobrável 11
2 – Assistentes de criação 12
3 – Opções comuns a todos os aplicativos 12
4 – Menu Arquivo 12
    Novo 12
    Abrir 12
    Assistente 13
    Fechar 13
    Salvar 13
    Salvar Como 13
    Salvar Tudo 13

Recarregar 13
Versões 13
Exportar 14
Exportar como PDF 14
Enviar 14
Propriedades 14
Modelos 14
Visualização de Página 15
Imprimir 15
Configuração da Impressora 15
Sair 15
5 – Menu Editar 15
Desfazer 15
Restaurar 16
Repetir 16
Cortar 16
Copiar 16
Colar 16
Colar Especial 16
Selecionar Texto 16
Selecionar Tudo 17
Alterações (ou Modificações, dependendo do aplicativo) 17
Comparar Documento 17
Navegador 17
6 – Barra de Funções 17

Capítulo 2 - O editor de textos Writer **19**
1 – Iniciando um novo texto 20
2 – Visualizando a página 22
Largura da Página 22
Ideal 22
Página Inteira 23
Variável 23
Página Anterior/Próxima Página 25
Até o Início do Documento/Até o Fim do Documento 26
Visualização de Página -2 Páginas/Visualização de Páginas -
Múltiplas Páginas 26

Fechar Visualização 26
3 – Iniciando a digitação 26
4 – Formatações básicas 27
    Aplicar Estilo 28
    Nome da Fonte 29
    Tamanho da Fonte 29
    Negrito/Itálico/Sublinhado 29
    Alinhar à Esquerda/Centralizado/Alinhar à Direita/Justificado .. 30
    Ativar/Desativar Numeração 31
    Ativar/Desativar Marcadores 31
    Diminuir Recuo/Aumentar Recuo 31
    Cor da Fonte 31
    Realçar 32
    Plano de Fundo do Parágrafo 32
5 – Menu Formatar 32
    Padrão 32
    Caractere 33
    Parágrafo 34
    Página 36
    Colunas 37
    Maiúsculas / Minúsculas 38
    Ruby 38
    Numeração / Marcadores 38
    Estilos 38
    Estilista 38
    AutoFormatar 39
6 – Revisão ortográfica 39
    Ignorar 41
    Ignorar Sempre 41
    Substituir 41
    Substituir Sempre 41
    Idioma 42
    Dicionário 42
    Adicionar 42
    Opções 42
7 – Recurso Completar Palavras 43

8 – Menu Inserir ... 44
- Quebra Manual ... 44
- Campos ... 45
- Caractere Especial ... 45
- Hiperlink ... 45
- Cabeçalho ... 46
- Rodapé ... 46
- Nota de Rodapé ... 46
- Anotação ... 47
- Script ... 48
- Envelope ... 48
- Moldura ... 49
- Tabela ... 50
- Régua Horizontal ... 50
- Figura ... 51
- Objeto ... 51
- Moldura Flutuante ... 51
- Arquivo ... 52

9 – Botão Inserir ... 52
- Inserir Moldura Manualmente ... 52
- Inserir Figura ... 52
- Inserir Tabela ... 52
- Inserir Documento ... 53
- Inserir Nota de Rodapé Diretamente ... 53
- Inserir Nota de Fim Diretamente ... 53
- Inserir Caractere Especial ... 53
- Inserir Seção ... 54
- Inserir Marcador de Índice ... 54
- Inserir Marcador ... 54

10 – Barra de Ferramentas Principal ... 54
- Inserir Campos ... 54
- Inserir Objeto ... 54
- Mostrar Funções de Desenho ... 55
- Mostrar Funções de Formulário ... 57
- Editar AutoTexto ... 57
- Ativar/Desativar Cursor Direto ... 58

Verificação Ortográfica/Ativar / Desativar Verificação Ortográfica
Automática 58
Ativar/Desativar Localizar 58
Fontes de Dados 59
Ativar/ Desativar Caracteres Não-Imprimíveis 59
Ativar/ Desativar Figura 60
Layout On-line 60
11 – Menu Ferramentas 61
Verificação Ortográfica 61
Dicionário de Sinônimos 61
Divisão Silábica 61
AutoCorreção / AutoFormatação 61
Numeração da Estrutura de Tópicos 62
Numeração de Linhas 62
Notas de Rodapé 62
Galeria 62
Fonte de Dados 63
Mala direta 63
Texto <-> Tabela 64
Ordenar 64
12 – Formatos de arquivos 64
Microsoft Word 6.0 - 95 – 97/2000 (.doc) 65
Rich Text Format (.rtf) 65
StarWriter 3.0 – 4.0 – 5.0 (.sdw) 66
Texto (.txt) 66
Documento HTML (OpenOffice.org Writer) (.htm) 66
13 – Criando arquivos PDF 66

Capítulo 3 - A planilha de cálculos Calc 69
1 – Inserindo dados em uma tabela 70
Cancelar 71
Aceitar 71
Soma 72
Função 73
2 – Seleção de células 74
3 – Fórmulas 75

4 – Funções 77
5 – Formatando sua tabela 78
6 – Formatando células 79
    Proteção de Célula 79
    Números 80
    Fonte 81
    Efeitos de fonte 81
    Alinhamento 81
    Bordas 81
    Plano de fundo 82
    Largura da Coluna ou Altura 82
    Largura Ótima da Coluna ou Altura Ótima da Linha 82
    Inserir Linhas ou Inserir Colunas/Excluir Linhas ou Excluir
    Colunas 83
    Excluir Conteúdo 83
    Ocultar 83
    Mostrar 83
7 – As demais ferramentas 84
    Menu Arquivo 84
        Visualizar página 84
    Menu Editar 85
        Cabeçalhos e Rodapés 85
        Excluir Conteúdo 85
        Excluir Células 85
        Planilha, Mover / Copiar 85
        Excluir Quebra Manual 85
    Menu Ver 85
        Zoom 85
        Cabeçalhos de Linhas e Colunas 86
        Realce de Valores 87
    Menu Inserir 87
        Quebra Manual 87
        Células/Linhas 87
        Planilha 87
        Caractere Especial 87
        Figura 87

Gráfico	88
Menu Formatar	89
Mesclar Células	89
Menu Ferramentas	89
Atingir Metas	89
Proteger Documento	89
Conteúdo da célula	90
Menu Dados	90
Ordenar	90
Filtro	91
Subtotais	91
Validade	91
8 – Salvando suas tabelas	91

Capítulo 4 - O editor de gráficos vetoriais Draw 93

1 – Conhecendo a interface do programa	95
Renomear Slide	98
Inserir Slide	98
Excluir Slide	98
2 – Selecionando objetos	99
3 – Alterando e movendo objetos	100
4 – Excluindo objetos	100
5 – Aplicando cores a um objeto	101
6 – Editando a linha de contorno de um objeto	103
Estilo de Linha	104
Largura da Linha	104
Cor da Linha	104
7 – Opções da Barra de Ferramentas Principal	104
Selecionar	105
Zoom	105
Texto	105
Retângulo	105
Elipse	106
Objetos 3D	106
Curva	108
Linhas e Setas	109

Conector	109
Efeitos	110
Alinhamento	112
Organizar	113
Inserir	114
Controlador de 3D	115
8 – Editar Pontos	115
9 – Aplicando sombra a um objeto	116
10 – Barra de Opções	117
Editar Pontos	117
Editar Pontos de Colagem	117
Modo de Rotação Após Clicar no Objeto	117
Exibir Grade	118
Mostrar Linhas de Encaixe	118
Guias ao Mover	119
Alinhar à Grade	119
Encaixar nas Linhas de Encaixe	120
Alinhar às margens da Página	120
Alinhar à Borda do Objeto	120
Alinhar aos Pontos do Objeto	120
Permitir Edição Rápida, Selecionar Somente Área de Texto e Clique duas vezes para editar o texto	120
Alças Simples	120
Alças Grandes	121
Criar Objeto com Atributos	121
Espaço Reservado para Figuras	121
Modo de Contorno	121
Espaço Reservado para Textos	122
Somente Contorno de Linha	122
11 – Trabalhando com textos	122
Ajustar Texto à Moldura	124
Textos Explicativos	124
Texto Vertical, Ajustar Texto Vertical à Moldura e Textos Verticais Explicativos	125
Permitir Edição Rápida	125
Selecionar Somente Área de Texto	125

Clique duas vezes para editar o texto 126
12 – As demais ferramentas 126
   Menu Editar 126
      Duplicar 126
      Esmaecimento 127
      Excluir Slide 127
      Mapa de Imagens 127
   Menu Exibir 128
      Zoom 128
      Réguas 128
      Qualidade de Exibição 128
      Visualizar 128
      Modo de Visualização 128
   Menu Inserir 129
      Slide 129
      Duplicar Slide 129
      Campos 129
      Caractere Especial 129
      Digitalizar 129
      Planilha 129
      Figura 130
      Arquivo 130
   Menu Formatar 130
      Padrão 130
      Texto 130
      Posição e Tamanho 130
      Caractere 131
      Página 131
      Estilos, Catálogo 132
      Fontwork 132
      Efeitos 3D 132
   Menu Modificar 133
      Rebater 133
      Converter 133
      Organizar 133
      Alinhamento 133

Agrupar 134
Desfazer Agrupamento 134
Entrar no Grupo 134
Combinar 135
Dividir 135
13 – Macetes 135
14 – Salvando seu documento 136

Capítulo 5 - O editor de apresentações Impress 139
1 – Iniciando a sua apresentação 140
Apresentação em branco 140
A partir do modelo 140
Abrir uma apresentação existente 141
Visualizar 141
Não mostrar essa cx de diálogo novamente 141
2 – Editando gráficos e textos 146
Inserir Slide 147
Modificar Layout de Slide 147
Esboço de Slide 147
Duplicar Slide 147
Expandir Slide 148
Efeitos 148
Efeitos de Texto 149
Extras 149
Ordem 149
Apresentação de Slides 150
Ensaio Cronometrado 151
Configurações da Apresentação de Slides 151
Apresentação de Slides Personalizada 152
Transição do Slide 152
Mostrar/Ocultar Slide 152
Animação 152
Exibição de Desenhos 153
Exibição de Estrutura de Tópicos 153
Exibição de Slides 153
Exibição de Anotações 154

Sumário XV

Exibição de Folhetos 155
Iniciar Apresentação de Slides 155
3 – Salvando o seu trabalho 155

Capítulo 6 - Documentos HTML 157
1 – Links 159
    Link para outra página 160
    Link para outro site 160
    Link para e-mail 160
    Link para download 160
2 – Trabalhando com HTML no OpenOffice 161
3 – Iniciando a criação de sua página HTML 162
    Alterar Âncora 163
    Desativar Ajuste de Texto 166
    Ajuste de Texto à Esquerda/Ajuste de Texto à Direita ... 166
    Editor do Mapa de Imagem 166
    Alinhar à Esquerda/Alinhar à Direita 168
    Alinhar Acima/Alinhar o Centro Vertical 168
    Alinhar Abaixo 168
    Bordas 168
    Estilo de Linha 169
    Cor da Linha (da borda) 169
    Propriedades da Figura 170
    Trazer para a Frente/Trazer para Trás 170
4 – Criando Links 170
5 – Outras ferramentas 172

Capítulo 7 - Configurações Gerais 175
1 – Tópico OpenOffice.org 176
    Dados do Usuário 176
    Memória 176
    Exibir 178
    Programas Externos 179
2 – Tópico Carregar/Salvar 179
    Geral 179
3 – Tópico Documentos de texto 180

Geral 180
Exibir 181
Fontes básicas (Ocidentais) 181
Tabela 181
4 – Tópico Documento HTML 182
Exibir 182
5 – Tópico Planilha 182
Geral 182
Exibir 183
Calcular 183
Listas de Ordenação 183
6 – Tópico Apresentação 184
Geral 184
Exibir 184
7 – Tópico Desenho 184
Geral 185
8 – Tópico Gráfico 185
Cores padrão 185

Introdução

Quando o assunto é o pacote de programas OpenOffice.org, a primeira observação que inevitavelmente é feita diz respeito ao seu preço. E não é para menos, pois quando surge um concorrente 100% gratuito ao produto líder do mercado – que custa mais de R$ 1000,00 por computador –, não há mesmo como relevar essa indiscutível vantagem.

Mas o custo zero é apenas um dos (ótimos) motivos para que o OpenOffice seja adotado em sua empresa ou usado em seu computador doméstico. Descendente direto do StarOffice (que deixou de ser gratuito na versão 6), esse pacote de programas é hoje uma excelente opção para tarefas como digitação de textos, cartas e malas-diretas, criação de planilhas e de apresentações, elaboração de gráficos e outros tipos de trabalho afins.

É difícil falar do OpenOffice sem fazer uma comparação direta com o Microsoft Office. O "primo rico" ainda lidera com folga em número de usuários, e os programas que o integram – Word, Excel, Access, PowerPoint – ainda são as referências quando o assunto é edição de textos, criação de planilhas, banco de dados e apresentações. E esses programas serão as primeiras lembranças que virão ao novo usuário do OpenOffice, tal é a semelhança entre as interfaces e o funcionamento dos produtos concorrentes.

2 *Desvendando e Dominando o OpenOffice.org*

Para quem já usa o Microsoft Office e quer migrar para o OpenOffice, não é só o fato das interfaces serem realmente parecidas que ajuda nessa mudança. O OpenOffice tem seus próprios formatos de arquivo, mas lê e grava também nos formatos usados pela Microsoft. Arquivos de texto com extensão .doc, só para dar um exemplo, não são problema, salvo em casos excepcionais, quando recursos muito avançados do Word são usados para a criação desse documento.

Enquanto pacotes de programas, os dois títulos podem ser diferenciados de forma mais explícita pelo que um tem e o outro não tem. O calcanhar de Aquiles do OpenOffice é, sem sombra de dúvidas, a falta de um gerenciador de banco de dados. Esse pacote também não traz qualquer programa para o envio e recebimento de e-mails. Dessa forma, os programas Access e Outlook continuam como um trunfo a favor do pacote da Microsoft. Porém, para quem quer mesmo um escritório a custo zero, programas como MySQL e Eudora podem preencher essa lacuna. Por sua vez, o OpenOffice traz o programa Draw, um editor de imagens vetoriais excelente para quem quer trabalhar em criações simples, como cartazes e cartões de visitas. Não chega obviamente aos pés de um CorelDraw e nem é essa a proposta, mas atende bem a quem não precisa de um editor de imagens profissional.

Além dessas diferenças, os programas que compõem o OpenOffice são mais enxutos que seus similares do pacote concorrente. Eles trazem todas as ferramentas mais usadas pela grande maioria dos usuários, mas algumas opções mais avançadas do Microsoft Office continuam exclusivas deste. Porém, serão poucos os usuários a perceberem sua falta.

O que é desvantagem por um ponto de vista acaba sendo vantagem por outro e muitos dos recursos exclusivos do pacote Microsoft Office desagradam a boa parte de seus usuários. O problema é que a Microsoft aplica em seus produtos sua filosofia de tornar cada vez mais fácil o uso de seus programas e do computador como um todo. Isso é ótimo por um lado, mas complica quando é dado ao programa o poder de decidir sozinho a melhor forma de agir em algumas circunstâncias. Daí, até que o usuário descubra como desabilitar esses recursos, sua paciência é testada a todo momento, com textos cuja formatação se altera como por encanto ao

Introdução 3

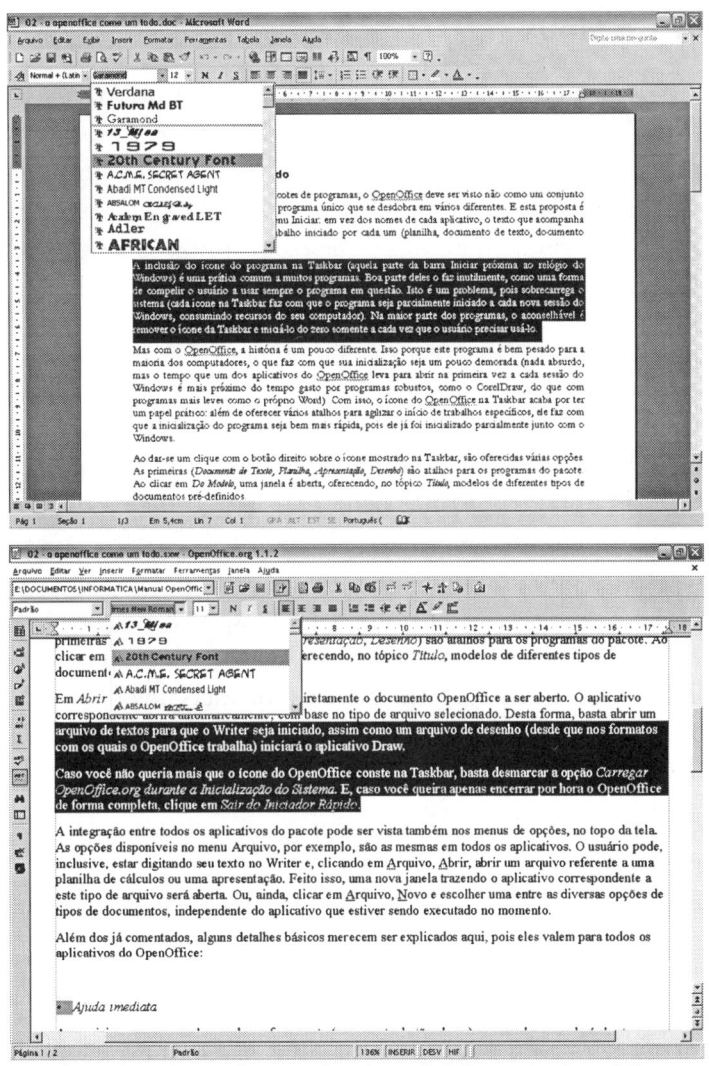

Interfaces dos editores de texto do Microsoft Office e do OpenOffice.org.

iniciar-se um novo parágrafo, com ferramentas que são ocultadas de uma hora para outra sem maiores explicações, com correções gramaticais que mais erram do que acertam e com bichinhos e bonequinhos supostamente simpáticos que aparecem a toda hora na tela para dar dicas e conselhos que não foram pedidos...

Windows e Linux

O StarOffice, citado no começo, foi o programa que originou o OpenOffice. Inicialmente, ele foi criado para funcionar no sistema Linux, e só depois ganhou uma versão para funcionar também em Windows. E é da filosofia desse sistema que vem sua gratuidade. O Linux é um sistema gratuito e aberto, o que quer dizer que os próprios usuários podem fazer modificações e até mesmo criar suas próprias versões do Linux.

O OpenOffice foi criado já se pensando nos dois sistemas operacionais e sempre que são lançadas novas atualizações, estas são lançadas simultaneamente para Linux e para Windows. Mas sua política continua sendo 100% Linux, não lembrando em nada a filosofia Microsoft. Enquanto a instalação do Microsoft Office pede ao usuário a digitação de senhas e a ativação do produto pela internet, o OpenOffice só precisa ser instalado e mais nada. O usuário pode até optar por registrar sua cópia gratuitamente, mas isso não é de forma alguma imposto. E, se a licença de um programa pago geralmente vale apenas para a instalação em um único computador, você é livre para instalar o OpenOffice em quantas máquinas quiser. Mais: você pode copiá-lo e distribuí-lo livremente aos amigos. Não existe cópia pirata de OpenOffice!

As diferenças entre as versões para Windows e para Linux são nulas. As duas versões do programa são iguais. A despeito desse manual ter se baseado na versão Windows, o usuário de Linux não leva qualquer desvantagem nas páginas a seguir.

Por fim, para quem optou por buscar informações nessa obra antes mesmo de ter seu primeiro contato com o programa, não haverá dificuldade alguma em obter sua cópia para instalação. O OpenOffice pode ser baixado gratuitamente a partir de vários endereços da internet, e certamente um bom site que ofereça download de programas trará um link para esse pacote. O arquivo a ser baixado ocupa um pouco mais de 60 MB, o que não chega a ser algo monstruoso (leva cerca de uma hora para ser baixado através de uma conexão tradicional de banda larga). Certifique-se apenas de estar baixando a versão traduzida para o português do Brasil, pois além dos comandos estarem na nossa língua, o dicionário para revisão ortográfica também virá em português.

E se você tem problemas para baixar um arquivo desse tamanho, uma ida à banca de jornais mais próxima certamente encerrará a questão. Isso porque muitas das revistas de informática que trazem CDs encartados vêm com os arquivos de instalação do OpenOffice junto com vários outros programas (na maioria dos casos, a versão é para Windows). Todas elas trazem a versão em português, certifique-se apenas de que a revista foi lançada recentemente e não se trata da redistribuição de uma edição mais antiga, para que você tenha a versão mais recente instalada em seu computador.

Capítulo 1

O OpenOffice.org como um todo

1 – Uma visão geral

Diferentemente da maioria dos pacotes de programas, o OpenOffice deve ser visto não como um conjunto de programas, mas sim como um programa único que se desdobra em vários diferentes. E esta proposta é clara até mesmo nos ícones do menu Iniciar: em vez dos nomes de cada aplicativo, o texto que acompanha cada ícone descreve o tipo de trabalho iniciado por cada um (planilha, documento de texto, documento HTML...).

Figura 1.1: Ícone do OpenOffice.org na Taskbar.

A inclusão do ícone do programa na Taskbar (aquela parte da barra Iniciar próxima ao relógio do Windows) é uma prática comum a muitos programas. Boa parte deles o faz inutilmente, como uma forma de compelir o usuário a usar sempre o programa em questão. Isto é um problema, pois sobrecarrega o sistema (cada ícone na Taskbar faz com que o programa seja parcialmente iniciado a cada nova sessão do Windows, consumindo recursos do seu computador). Na maior parte dos programas, o aconselhável é remover o ícone da Taskbar e iniciá-lo do zero somente a cada vez que o usuário precisar usá-lo.

Mas com o OpenOffice, a história é um pouco diferente. Isso porque este programa é bem pesado para a maioria dos computadores, o que faz com que sua inicialização seja um pouco demorada (nada absurdo, mas o tempo que um dos aplicativos do OpenOffice leva para abrir na primeira vez a cada sessão do Windows é mais próximo do tempo gasto por programas robustos, como o CorelDraw, do que com programas mais leves como o próprio Word). Com isso, o ícone do OpenOffice na Taskbar acaba por ter um papel prático: além de oferecer vários atalhos para agilizar o início de trabalhos específicos, ele faz com que a inicialização do programa seja bem mais rápida, pois ele já foi inicializado parcialmente junto com o Windows.

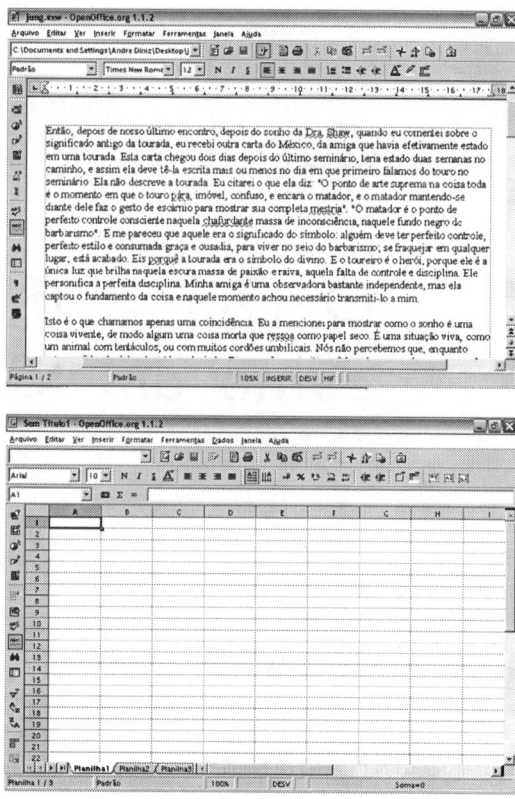

Figura 1.2: Aplicativos Writer e Calc.

Ao dar-se um clique com o botão direito sobre o ícone mostrado na Taskbar, são oferecidas várias opções. As primeiras (*Documento de Texto*, *Planilha*, *Apresentação*, *Desenho*) são atalhos para os programas do pacote. Ao clicar em *Do Modelo*, uma janela é aberta, oferecendo, no tópico *Título*, modelos de diferentes tipos de documentos pré-definidos.

Figura 1.3: Menu acionado pela Taskbar.

Em *Abrir Documento*, é possível selecionar diretamente o documento OpenOffice a ser aberto. O aplicativo correspondente abrirá automaticamente, com base no tipo de arquivo selecionado. Desta forma, basta abrir um arquivo de textos para que o Writer seja iniciado, assim como um arquivo de desenho (desde que nos formatos com os quais o OpenOffice trabalha) iniciará o aplicativo Draw.

Caso você não queira mais que o ícone do OpenOffice conste na Taskbar, basta desmarcar a opção *Carregar OpenOffice.org durante a Inicialização do Sistema*. E, caso você queira apenas encerrar por ora o OpenOffice de forma completa, clique em *Sair do Iniciador Rápido*.

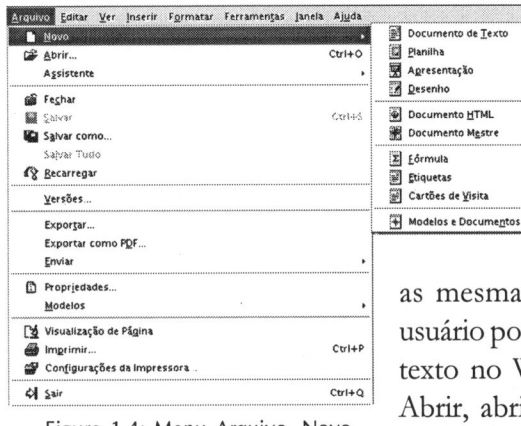

Figura 1.4: Menu Arquivo, Novo.

A integração entre todos os aplicativos do pacote pode ser vista também nos menus de opções, no topo da tela. As opções disponíveis no menu Arquivo, por exemplo, são as mesmas em todos os aplicativos. O usuário pode, inclusive, estar digitando seu texto no Writer e, clicando em Arquivo, Abrir, abrir um arquivo referente a uma planilha de cálculos ou a uma apresentação. Feito isso, uma nova janela trazendo o aplicativo correspondente a este tipo de arquivo será aberta. Ou, ainda, clicar em Arquivo, Novo e escolher uma entre as diversas opções de tipos de documentos, independentemente do aplicativo que estiver sendo executado no momento.

Além dos já comentados, alguns detalhes básicos merecem ser explicados aqui, pois eles valem para todos os aplicativos do OpenOffice:

Ajuda imediata

Ao posicionar o cursor sobre qualquer ferramenta (sem apertar botão algum), um quadro amarelo é aberto, com uma ligeira explicação sobre a ferramenta referida. Nem todas as dicas estão em português, algumas poucas ainda aparecem em inglês.

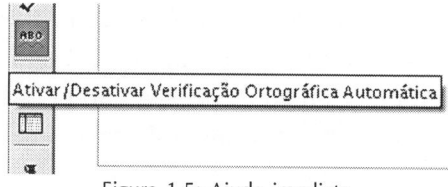

Figura 1.5: Ajuda imediata.

Botão pressionado

Quando uma ferramenta é selecionada, o botão correspondente aparece mais claro, dando a noção de um botão tridimensional que realmente foi apertado. Desta forma, você não se confunde e sabe exatamente que ferramenta está sendo usada.

Botão direito do mouse

A utilização do botão direito do mouse está presente em todo o programa. Clicando sobre uma área, uma ferramenta ou um objeto com este botão, você sempre vai ver um menu de opções que podem lhe ser úteis. Mesmo que a utilização deste recurso não seja sempre lembrada, você pode experimentar o uso deste botão ao longo de suas experiências com o OpenOffice.

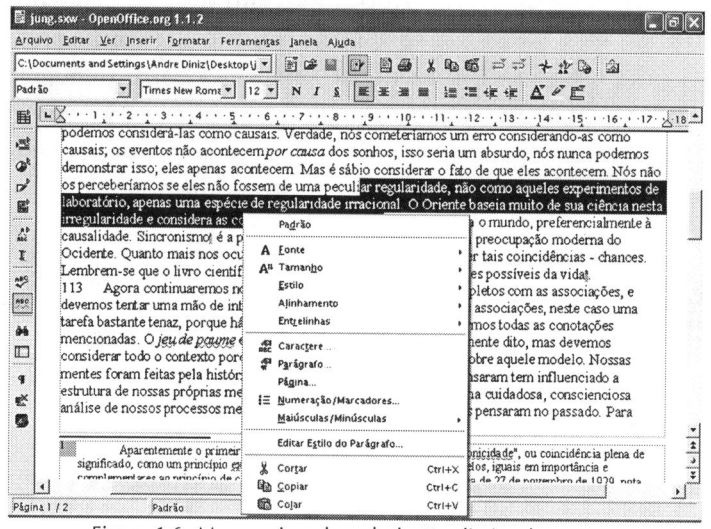

Figura 1.6: Menu acionado pelo botão direito do mouse.

O OpenOffice.org como um todo 11

Ferramentas não disponíveis

Quando uma ferramenta não pode ser utilizada naquela ocasião (por exemplo, as ferramentas de configuração de texto, quando não há textos no documento), esta aparece apenas na sua silhueta.

Figura 1.7: Ferramentas não disponíveis.

Menu desdobrável

Quando o botão de uma ferramenta apresenta uma pequena seta no canto, trata-se de uma indicação de que outras opções estão agregadas de forma oculta. Mantenha o botão do mouse pressionado por alguns instantes sobre o botão que apresenta a seta e você terá um desdobramento da ferramenta inicial. Para utilizar uma destas opções, basta selecioná-la normalmente com o mouse.

Figura 1.8: Menu desdobrável.

FIQUE ATENTO! *Na versão brasileira, há uma diferença em relação aos nomes de muitas ferramentas e comandos entre a versão 1.1.2 (na qual este livro se baseia) e a 1.1.1 e anteriores do OpenOffice.org. Mas são todas diferenças sutis, como a que há entre "Mostrar ícones" e "Exibir ícones". Portanto, mesmo que o seu programa mostre algumas opções e ferramentas traduzidas de forma diferente da que aparece nesse livro, certamente isso não será um problema para a sua compreensão.*

2 – Assistentes de criação

A partir de qualquer um dos aplicativos do OpenOffice, é possível acessar qualquer um entre os vários assistentes de criação disponíveis. Estes assistentes são um recurso a mais que o OpenOffice oferece para simplificar o trabalho de criação, quando o documento a ser criado se encaixa em algum dos padrões mais comuns. Desta forma, temos assistentes para a criação de cartas, memorandos, formulários, agenda, entre outros.

Para iniciar a criação de seu documento a partir de um assistente, basta clicar, a partir de qualquer aplicativo OpenOffice, na opção Arquivo, Assistente. Qualquer que seja a opção escolhida, o trabalho de criação se dará por meio de janelas que pedirão, passo a passo, as informações a serem inseridas no documento, assim como sua formatação.

3 – Opções comuns a todos os aplicativos

Ao longo deste livro, as principais opções contidas nos menus de cada aplicativo serão comentadas em seus respectivos capítulos. Porém, algumas opções mais genéricas, contidas nos menus Arquivo e Editar merecem nossa atenção aqui mesmo, nesse capítulo, por valerem para todos os aplicativos do pacote OpenOffice.org. Apenas em alguns casos, um dos comandos vistos aqui podem voltar a ser comentados novamente. Isso acontecerá quando houver algo mais a se destacar quanto ao seu uso em determinado aplicativo.

4 – Menu Arquivo

Novo

Exibe um menu de opções para a criação de diferentes tipos de arquivos.

Abrir

Abre um novo documento.

Assistente

Oferece uma gama de assistentes que facilitam a criação de diferentes tipos de documentos, como Agenda, Memorando, Formulário e Relatório, entre outros.

Fechar

Fecha o documento em questão.

Salvar

Salva o documento aberto.

Salvar Como

Permite que uma cópia do documento em questão seja salva com um novo nome ou com um outro formato.

Salvar Tudo

Salva todos os documentos que estão abertos no momento em diferentes janelas dos aplicativos do pacote OpenOffice.org.

Recarregar

Substitui o documento atual pela última versão salva.

Versões

Salva e organiza versões múltiplas do documento atual no mesmo arquivo. Você pode também abrir, excluir e comparar versões anteriores.

Exportar

Permite que o documento seja salvo em formatos diferentes que os oferecidos como padrão.

Exportar como PDF

O documento em questão é salvo no formato PDF. Este formato é muito usado para a distribuição de documentos por fazer com que estes permaneçam com suas configurações inalteradas mesmo quando aberta em outros computadores e sistemas, pelo programa Adobe Reader.

Enviar

Oferece opções de envio do documento em questão, como a opção Documento Como E-mail, que transforma automaticamente o arquivo em anexo de uma mensagem eletrônica a ser enviada pelo seu programa de e-mail padrão.

Propriedades

Abre a janela Propriedades, onde você pode acrescentar comentários e informações sobre o conteúdo do documento, além de consultar dados sobre o arquivo como data de criação, número de parágrafos, número de caracteres, entre outros.

Modelos

Permite que você organize e edite seus modelos, bem como salve o arquivo atual como um modelo.

Visualização de Página

Abre a janela Visualização de Página, onde é possível ter uma prévia de como ficará o documento quando impresso. Para voltar à visualização padrão, basta clicar em fechar Visualização.

Imprimir

Imprime o documento.

Configuração da Impressora

Permite ao usuário configurar a forma como o documento será impresso. Desta forma, é possível aumentar ou reduzir o tamanho da folha, a margem e a qualidade de impressão, definir se a impressão será a cores ou preto-e-branco, selecionar o formato do papel, entre diversos outros recursos.

Sair

Fecha automaticamente todas as janelas e aplicativos do OpenOffice.org que estiverem sendo executadas simultaneamente.

5 – Menu Editar

Desfazer

Desfaz a última ação.

Restaurar

Refaz uma ação desfeita com o comando Desfazer.

Repetir

Repete o último comando.

Cortar

Remove e copia os itens selecionados para a área de transferência.

Copiar

Copia os itens selecionados para a área de transferência.

Colar

Insere no ponto selecionado os itens copiados para a área de transferência.

Colar Especial

Insere o conteúdo da área de transferência no arquivo atual no formato de sua escolha, entre os oferecidos.

Selecionar Texto

Você pode habilitar um cursor de seleção em um documento de texto somente-leitura ou na Ajuda.

Selecionar Tudo

Seleciona todo o conteúdo do documento.

Alterações (ou *Modificações*, dependendo do aplicativo)

Lista os comandos disponíveis para rastrear alterações em seu arquivo.

Comparar Documento

Compara o documento atual com um documento que você selecionar. O conteúdo do documento selecionado é marcado como exclusão na caixa de diálogo que se abre.

Navegador

Abre a janela Navegador, por onde você pode localizar trechos específicos de seu documento.

6 - Barra de Funções

A Barra de Funções é vista no topo da tela e oferece por meio de ícones atalhos para boa parte das ferramentas contidas nos menus Arquivo e Editar, que foram comentados aqui. Por ela, a criação do seu trabalho pode ser acelerada pela maior facilidade de acesso de funções como Salvar, Abrir, Copiar, Colar, Desfazer, entre outras.

Capítulo 2

O editor de textos Writer

Em todos os pacotes Office, não há dúvidas de que a estrela principal é sempre o editor de textos. E não é para menos, pois nem todo usuário trabalha com tabelas, edita imagens, diverte-se com jogos ou navega na internet, mas é difícil imaginar qual o perfil de uma pessoa que afirme não usar seu computador para a digitação de textos.

E justamente por ser tamanha a sua responsabilidade é que se deve exigir muito de um editor de textos. O Windows, quando instalado, oferece o WordPad, o editor de textos que vem junto com o sistema, e é possível digitar qualquer tipo de texto nesse aplicativo. Mas não é só isso o que o usuário procura: antes de tudo, o editor de textos tem que oferecer comodidade e facilidade de uso, diversos tipos de ferramentas de edição, formatação e pesquisa do texto, além de contar com um bom dicionário de palavras e sinônimos, para que o próprio programa possa fazer a revisão ortográfica do seu documento. Felizmente, em nenhum desses quesitos o Writer faz feio.

É bem provável que, ao testar o OpenOffice pela primeira vez, você comece pelo Writer. Pois estará começando com o pé direito. O Writer é um excelente editor de textos, muito semelhante, inclusive visualmente, com o Microsoft Word. Aliás, o Word nunca foi uma unanimidade. Apesar da grande maioria dos usuários tê-lo como o seu editor de textos, muitos se dizem insatisfeitos com o seu uso. O Writer, com certeza, é uma das melhores opções para essas pessoas.

1 – Iniciando um novo texto

Para iniciar um novo documento, clique em Arquivo, Novo, Documento de Texto. Ou então, clique no botão *Novo*, na barra de funções.

Figura 2.1: Menu Arquivo, Novo, Documento de Texto.

FIQUE ATENTO!

Ao entrar pela primeira vez no Writer, será possível ver uma janela flutuante, com o nome de Estilos de Parágrafo. *Ela oferece estilos de formatação predefinidos, que aplicam automaticamente a formatação desejada ao texto, conforme a opção escolhida. Basta selecionar o item do texto a ser configurado (*Assinatura, Corpo do Texto, Primeira Linha, *entre outros) e escolher a formatação desejada, no menu encontrado na base da janela, que essa será aplicada durante a digitação. Para não atrapalhar a digitação, essa janela pode ser fechada com um clique no "X", contido no canto superior direito dessa janela ou pressionando-se a tecla* **F11** *no teclado. A mesma tecla faz com que a janela seja exibida, no caso dela não aparecer.*

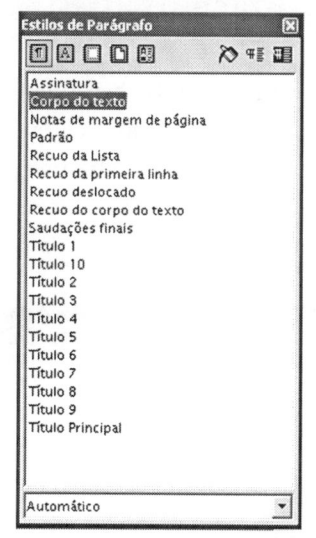

Figura 2.2: Caixa Estilos de Parágrafo.

A interface do Writer mostra todas as barras tradicionais, dispostas ao redor da área principal: Barra de Ferramentas Principal, Barra de Objetos, Barra de Funções, entre outras. A área em branco no centro da tela é mostrada de forma semelhante a uma folha de papel. Pode-se ver também uma linha cinzenta, que percorre toda a extensão da folha. Essa linha é a margem da folha, que impõe o limite do espaço onde o texto será digitado. Não se preocupe, pois essa margem não será vista na impressão do seu documento. Você pode optar por não visualizá-la (ou por visualizá-la, caso ela não esteja sendo vista) na opção Ver, Limites do Texto, bastando marcá-la ou desmarcá-la com um clique.

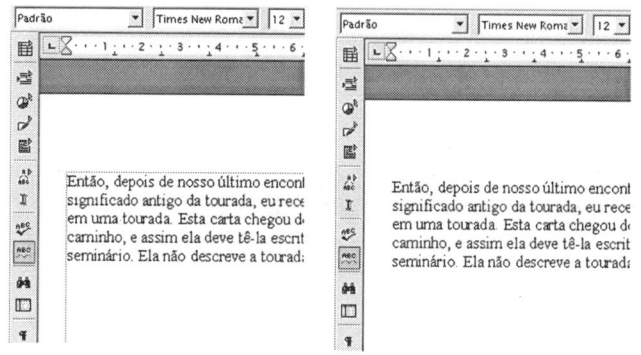

Figura 2.3: Opção Ver, Limites de Texto ativada e, em seguida, desativada.

2 – Visualizando a página

A visualização da página também pode ser alterada da forma que mais o agrade, de forma a facilitar o seu trabalho. Clique na opção Ver, Zoom e escolha uma das opções oferecidas. Escolha uma visualização em valores percentuais, que variam de 50% a 200%, para que a imagem da página seja aproximada ou afastada. Outras opções também são oferecidas:

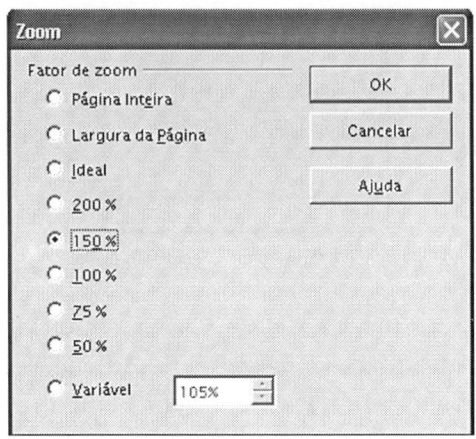

Figura 2.4: Janela Zoom.

Largura da Página

Toda a extensão horizontal da página é visualizada, inclusive as áreas depois da margem.

Ideal

O zoom exibe a extensão horizontal da página, enquadrando o trecho do texto que estiver selecionado, ou o que está sendo editado no momento, focando apenas o conteúdo dentro das margens.

Página Inteira

A página é vista toda de uma vez, permitindo avaliar o seu visual como um todo.

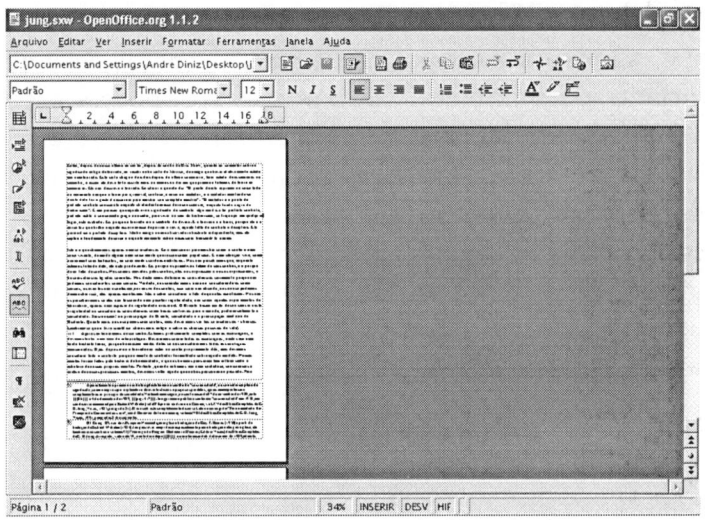

Figura 2.5: Visualização no modo Página Inteira.

Variável

É possível digitar um valor percentual da sua escolha para o zoom na sua página.

Além da margem, a régua também tem a função de marcar o espaço onde o texto será digitado. Você pode se basear na régua horizontal, que aparece no topo da tela, para medir um espaço ou calcular o centro da página, por exemplo. Por padrão, o centímetro é a unidade de medida. É possível alterar isso, clicando com o botão direito sobre qualquer ponto da régua. Um menu de opções será exibido e pode-se escolher uma nova unidade de medidas entre as disponíveis.

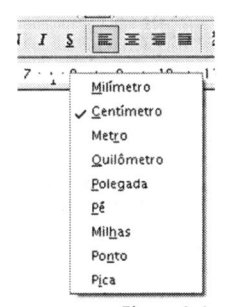

Figura 2.6: Configuração da régua.

Olhando a régua com mais atenção, você verá uma área branca na maior parte da sua extensão e uma área cinzenta em suas pontas. Pode-se reparar também que essa área branca marca o espaço interno das margens e o seu começo se dá exatamente no "ponto zero". É possível alterar o espaço interno da margem a partir da régua. Para isso, posicione o cursor exatamente sobre a divisão entre as áreas branca e cinzenta, seja a divisão do início ou a do final. Caso esteja na posição certa, o cursor se modificará, transformando-se em uma seta de duas pontas. Você poderá, dessa forma, mover essa divisão para a direita ou para a esquerda, conforme o desejado. A margem da página acompanhará a alteração feita, aumentando ou reduzindo o espaço onde o texto será digitado. Inclusive, isso pode ser feito mesmo depois do texto ter sido digitado, pois esse se adaptará ao novo formato. Em textos com muitas páginas, essa alteração será feita automaticamente em todas elas e não apenas na página que estiver sendo visualizada no momento.

É possível ainda acrescentar uma régua vertical, à esquerda da página. Para isso, clique em Ferramentas, Opções. Uma janela será aberta mostrando diversos tópicos e subtópicos à esquerda. Clique em Documento de Texto, Exibir, e marque com um clique a opção *Régua Vertical*. Dê *OK* em seguida e a régua vertical passará a ser exibida sempre que o programa for iniciado. Tudo o que foi explicado sobre o funcionamento da régua horizontal aplica-se da mesma forma a essa.

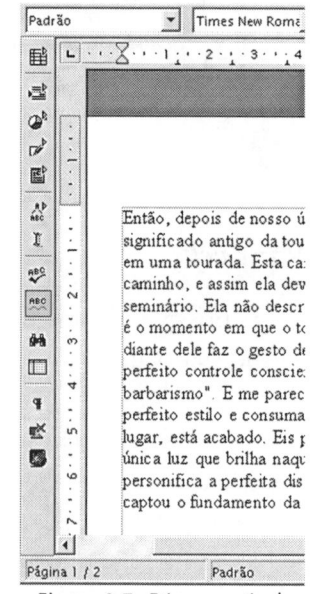

Figura 2.7: Régua vertical.

Você ainda dispõe das barras de rolagem, que permitirão um deslocamento por toda a extensão da página. As barras de rolagem são aquelas barras estreitas com uma seta em cada ponta, que permitem que você movimente a área do documento a ser visualizada. No centro dessas, um bloco retangular se desloca, mostrando se a página atual está próxima do final ou do início do documento. É possível, ainda, deslocar-se ao longo das páginas movimentando esse bloco, para baixo ou para cima, clicando nesse, mantendo o botão do mouse pressionado e movendo o mouse para a direção desejada. Dessa forma, inclusive, dá para ver por que página se está passando, pois ao lado desse bloco uma legenda mostra a página atual (ex: Página 12/35 - a página atual é a página 12 de um total de 35 páginas).

Com um clique na opção Arquivo, Visualização de Página, você muda a exibição do seu documento, podendo visualizá-lo por inteiro. A barra de objetos passa a oferecer várias opções de visualização, entre elas:

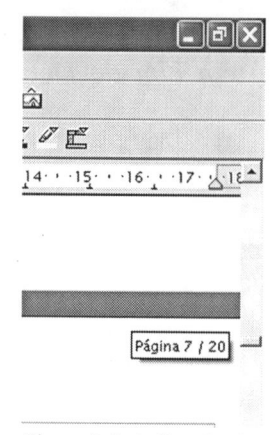

Figura 2.8: Indicação do número da página pela barra de rolagem.

Página Anterior
Próxima Página

Permite que sejam visualizadas as páginas anteriores e posteriores da página atual.

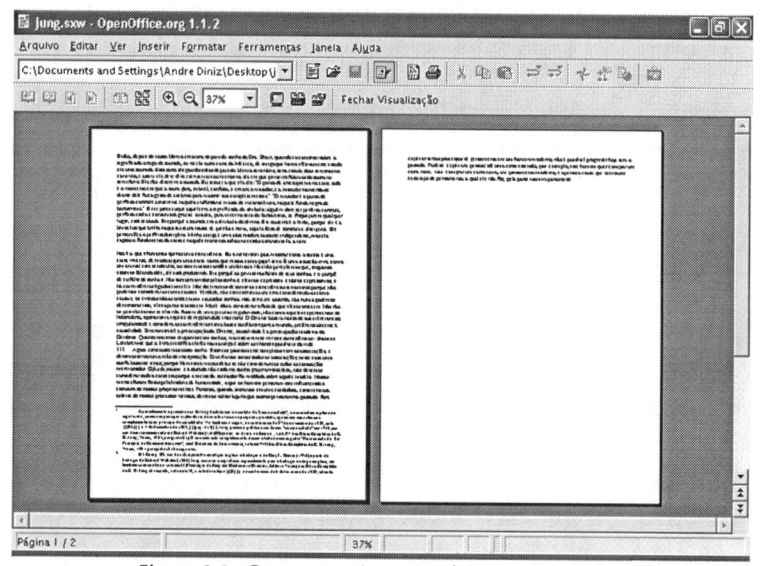

Figura 2.9: Opção Arquivo, Visualização de Página.

Até o Início do Documento
Até o Fim do Documento

Exibe a primeira ou a última página do documento.

Visualização de Página – 2 Páginas
Visualização de Páginas – Múltiplas Páginas

Estabelece a quantidade de páginas que serão vistas de uma vez.

Fechar Visualização

Encerra a visualização da página, e o programa volta à sua forma normal.

3 – Iniciando a digitação

Enquanto falamos da digitação em si, essa é igual tanto no Writer como em qualquer outro programa, seja um editor de textos, seja um programa de e-mails ou qualquer outro que exija a digitação de textos, parágrafos ou sentenças curtas.

Mesmo não tendo grandes segredos, a digitação correta depende do respeito a algumas regras básicas, para que o texto possa ser lido com clareza e de forma a não haver problemas quando ele for formatado. As dicas a seguir são preciosas para o seu trabalho com o Writer, além de igualmente proveitosas para o trabalho de digitação em qualquer programa que seja.

O erro mais comum durante a digitação de um documento é quanto aos espaços. Um vício comum é o de teclar mais de uma vez a tecla de espaços entre cada palavra. Isto é um erro, pois o visual do texto digitado ficará irregular. Deve-se tomar o cuidado, também, em não digitar um espaço entre a palavra e o ponto, seja esse ponto final, de exclamação, de interrogação ou vírgula. Além de também prejudicar o visual do seu documento, isto pode fugir do seu controle. Por exemplo, caso o tamanho das fontes seja mudado e a última palavra da frase passe a ficar no final da linha, o ponto ou a vírgula podem descer para a linha de baixo!

O mesmo pode acontecer no uso de parênteses ou aspas. Não acrescente espaços entre esses símbolos e as palavras neles contidas. Exemplo: (palavra), em vez de (palavra); "palavra", em vez de " palavra ". Inclusive, nesse segundo exemplo, você pode ver que a orientação do segundo símbolo de aspas fica incorreta. Em teclados de padrão internacional, as aspas e o trema são digitados a partir da mesma tecla.

*Outros pequenos truques devem ser conhecidos por quem usa esse tipo de teclado. O "Ç" não tem uma tecla correspondente. Para digitá-lo, é necessário acentuar a letra "C" com o acento agudo, da mesma forma que se acentua uma vogal. O símbolo que caracteriza um numeral ordinal (1º, 3ª, por exemplo) pode ser inserido da seguinte forma: para que apareça a letra "O" sobrescrita (º), pressione a tecla **Alt** e digite, na parte numérica, à direita do teclado, os números 1, 6, 7. Para acrescentar o "A" sobrescrito (6ª), pressione a tecla **Alt** e digite 1, 6, 6.*

4 – Formatações básicas

A Barra de Objetos oferece ao usuário as ferramentas básicas para a formatação de um texto. Para que um texto ou parte dele sejam alterados, é necessário antes que haja a seleção. Para isso, existem algumas alternativas:

- Escolhendo a opção Editar, Selecionar Tudo, todos os caracteres do texto serão selecionados.

- Clicando com o cursor do mouse no início do trecho a ser selecionado e movendo o mouse, com o botão pressionado, por toda a extensão do trecho desejado, os caracteres serão selecionados.

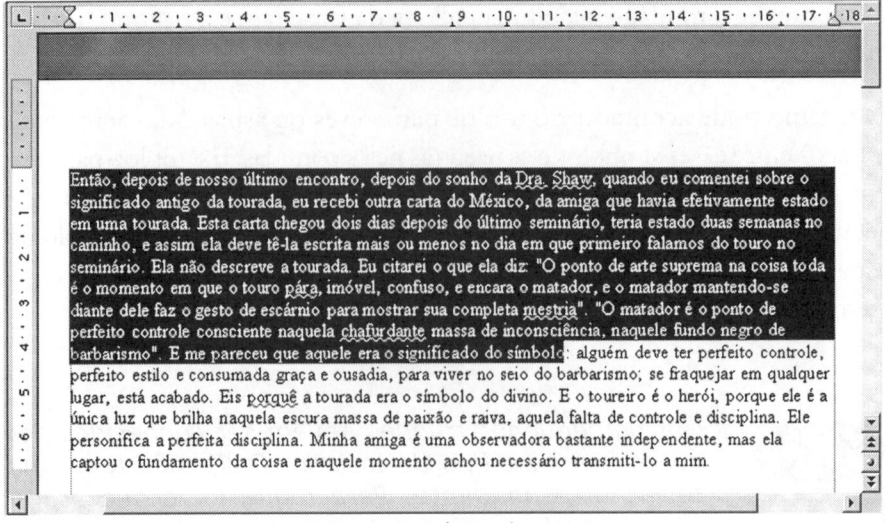

Figura 2.10: Seleção de texto.

- Clicando em um ponto do texto e, logo depois, clicando em um ponto diferente, com a tecla **Shift** pressionada, todo o texto contido entre o primeiro e o segundo cliques será selecionado.

- Clicando duas vezes sobre uma palavra, essa será selecionada. Clicando três vezes, a linha onde ela está será selecionada por completo.

A partir do momento em que o seu texto está selecionado, a Barra de Objetos oferece várias opções de configuração de texto:

Aplicar Estilo

Permite a aplicação de estilos predefinidos de formatação. Tem função semelhante à da janela *Estilos de Parágrafo*, exibida quando o programa é iniciado pela primeira vez.

Nome da Fonte

Nesse espaço, aparece o nome da fonte que foi usada no texto selecionado. Se não aparecer nome algum, isto quer dizer que foi usada mais de uma fonte no trecho selecionado. A fonte padrão para quem usa o OpenOffice versão Windows é a Times New Roman e qualquer texto novo criado no Writer é iniciado com essa fonte.

No entanto, pode-se alterar a fonte de um texto através dessa opção. Ao clicar na seta que aparece do lado direito dessa opção, uma lista com todas as fontes instaladas no seu computador poderá ser vista. Basta clicar no nome da fonte pela qual deseja trocar a primeira para que se dê a alteração.

Figura 2.11: Opção Nome da Fonte.

Tamanho da Fonte

Permite que o tamanho da letra seja aumentado ou reduzido, baseado em um valor numérico. O tamanho padrão é 12.

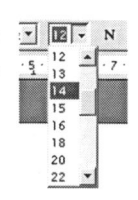

Figura 2.12: Opção Tamanho da Fonte.

Negrito
Itálico
Sublinhado

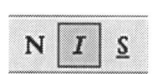

Aplica as respectivas formatações no texto selecionado.

Alinhar à Esquerda
Centralizado
Alinhar à Direita
Justificado

O parágrafo que contém o trecho selecionado recebe a orientação correspondente de cada uma dessas opções. Um texto justificado é alinhado em ambos os lados.

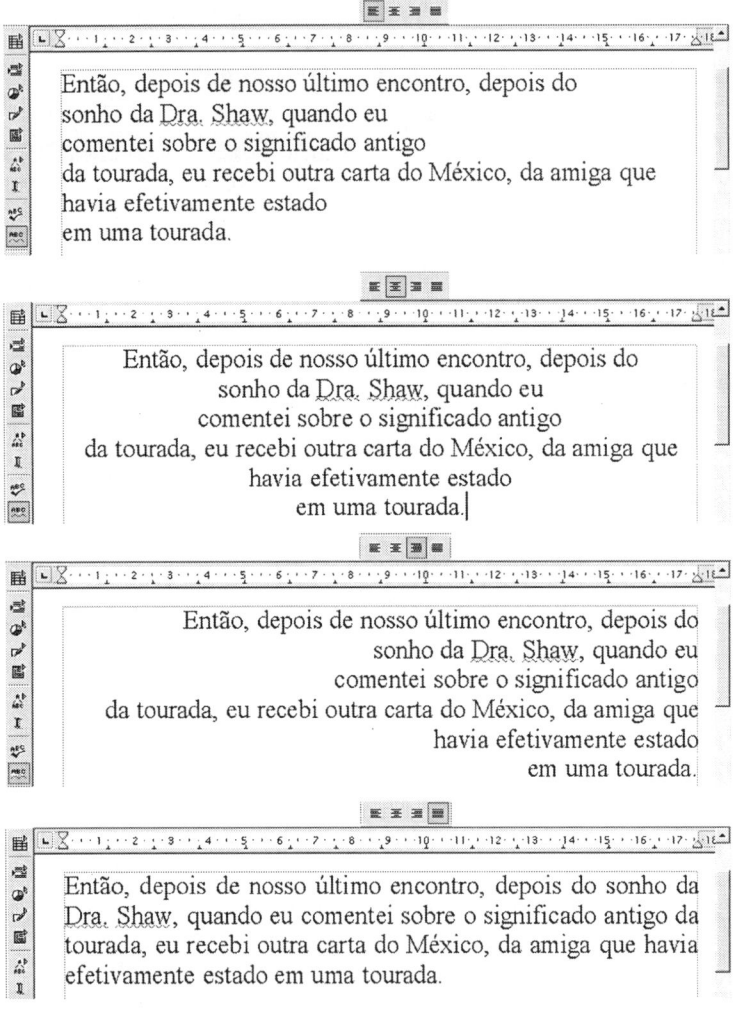

Então, depois de nosso último encontro, depois do
sonho da Dra. Shaw, quando eu
comentei sobre o significado antigo
da tourada, eu recebi outra carta do México, da amiga que
havia efetivamente estado
em uma tourada.

Então, depois de nosso último encontro, depois do
sonho da Dra. Shaw, quando eu
comentei sobre o significado antigo
da tourada, eu recebi outra carta do México, da amiga que
havia efetivamente estado
em uma tourada.

Então, depois de nosso último encontro, depois do
sonho da Dra. Shaw, quando eu
comentei sobre o significado antigo
da tourada, eu recebi outra carta do México, da amiga que
havia efetivamente estado
em uma tourada.

Então, depois de nosso último encontro, depois do sonho da Dra. Shaw, quando eu comentei sobre o significado antigo da tourada, eu recebi outra carta do México, da amiga que havia efetivamente estado em uma tourada.

Figura 2.13: O mesmo parágrafo alinhado à esquerda, centralizado, alinhado à direita e, por fim, justificado.

Ativar/Desativar Numeração

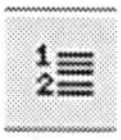

Faz com que os parágrafos selecionados sejam enumerados progressivamente. Você pode também retirar a numeração já aplicada a um texto, selecionando novamente o trecho numerado e clicando de novo nessa ferramenta.

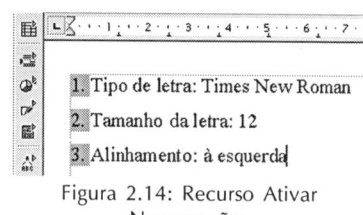

Figura 2.14: Recurso Ativar Numeração.

Ativar/Desativar Marcadores

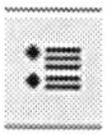

Funciona da mesma forma que a ferramenta anterior. Mas, em vez de números, os parágrafos serão assinalados com pequenos marcadores.

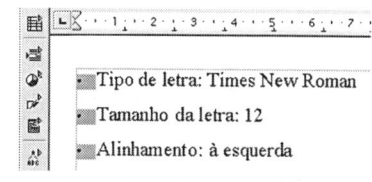

Figura 2.15: Recurso Ativar Marcadores.

Diminuir Recuo
Aumentar Recuo

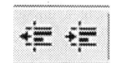

Aplica ou elimina espaços entre o texto e a margem esquerda da página.

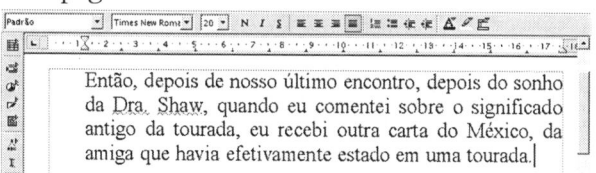

Figura 2.16: Recurso Aumentar Recuo.

Cor da Fonte

Ao clicar nessa opção, mantendo o botão pressionado por um tempo, uma paleta de cores é exibida. A cor dos caracteres selecionados pode ser trocada por qualquer uma das cores contidas nessa paleta.

Realçar

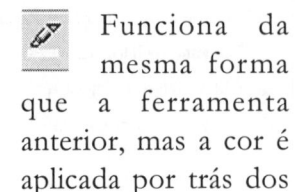

Funciona da mesma forma que a ferramenta anterior, mas a cor é aplicada por trás dos caracteres, como as tradicionais canetas marca-texto, muito usadas por estudantes quando querem marcar os trechos mais importantes de um texto.

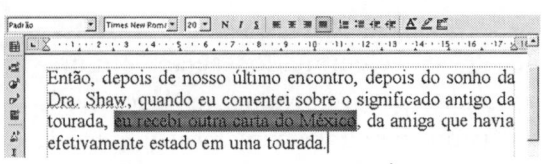

Figura 2.17: Ferramenta Realçar.

Plano de Fundo do Parágrafo

A cor escolhida é aplicada no fundo do parágrafo.

5 – Menu Formatar

O menu Formatar, no topo da tela, também oferece ferramentas preciosas para a formatação de seu texto. Essas ferramentas são:

Padrão

Aplica a formatação padrão do Writer. Essa formatação consiste em:

- Tipo de letra: Times New Roman
- Tamanho da letra: 12
- Alinhamento: à esquerda
- Espaço entre linhas: simples

Caractere

Abre uma janela que oferece cinco guias com diferentes opções. Essas guias são:

- *Fonte* – Mostra, todas juntas, as ferramentas que já estão disponíveis na barra de objetos. No quadro branco localizado no canto inferior direito, é oferecida uma simulação do texto, onde é possível ver cada efeito antes deste ser aplicado ao texto. Da mesma forma, cada tipo de letra pode ser pré-visualizado dessa forma.

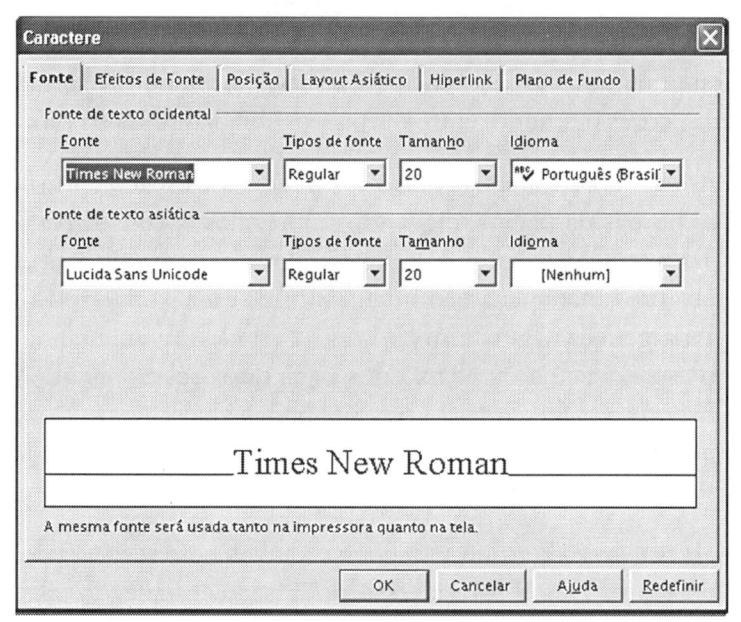

Figura 2.18: Janela Caractere.

- *Efeitos da Fonte* – Permite a aplicação de efeitos ao texto selecionado. É possível sublinhar ou rasurar os caracteres, converter todos para letras maiúsculas ou minúsculas, alterar sua cor, criar contornos, sombras, entre outras opções.

- *Posição* – O texto pode ser configurado como sobrescrito ou subscrito. Pode ser rotacionado em 90 ou 180° e seus caracteres podem ser encolhidos ou esticados (opção *Dimensionar Largura*) e ter a distância entre eles aumentada ou reduzida (opção *Espaçamento*).

- *Hiperlink* – Permite que sejam acrescentados links em um texto selecionado, semelhante a uma página da internet. Para isso, basta digitar no campo URL o endereço ao qual o link deve conduzir.

- *Plano de Fundo* – Mostra uma paleta de cores, onde se pode escolher uma cor a ser aplicada por trás das letras.

Parágrafo

Diversas opções em oito guias diferentes são oferecidas para a configuração do parágrafo ou dos parágrafos selecionados, aumentando ou diminuindo o espaço entre as linhas, permitindo o acréscimo de recuos, cores de fundo, entre outras possibilidades. Essas são:

- *Recuos e Espaçamento* – Aumente ou reduza o espaço entre o texto e as bordas da página, digitando valores nas opções *Recuo*, *Antes do Texto* ou *Depois do Texto*. Na opção *Primeira Linha*, é possível afastar ou aproximar apenas a primeira linha de cada parágrafo em relação à margem da página. Em *Espaçamento*, pode-se aumentar ou reduzir o espaço acima ou abaixo dos parágrafos selecionados. A opção *Entrelinhas* oferece vários padrões pré-estabelecidos com os quais é possível configurar o espaçamento entre as linhas do texto selecionado.

- *Alinhamento* – Permite configurar o alinhamento vertical e horizontal do texto. Dessa forma, esse pode ser centralizado, alinhado à margem esquerda ou à margem direita, à base ou ao topo da página.

- *Fluxo de Texto* – Em *Divisão Silábica*, é possível configurar o programa para automaticamente separar sílabas de palavras que fiquem no final das linhas. Em *Opções*, pode-se configurar o texto para não separar as mesmas linhas de um parágrafo nas mudanças de página ou limitar o número de linhas órfãs ou viúvas (aquelas que ficam separadas do resto de um parágrafo).

- *Numeração* – Escolhendo um dos estilos de numeração, cada parágrafo é precedido de um número, que os relaciona como itens de uma lista.

- *Tabulações* – Várias opções de tabulações diferentes, ideais para a criação de índices, sumários e trabalhos do gênero.

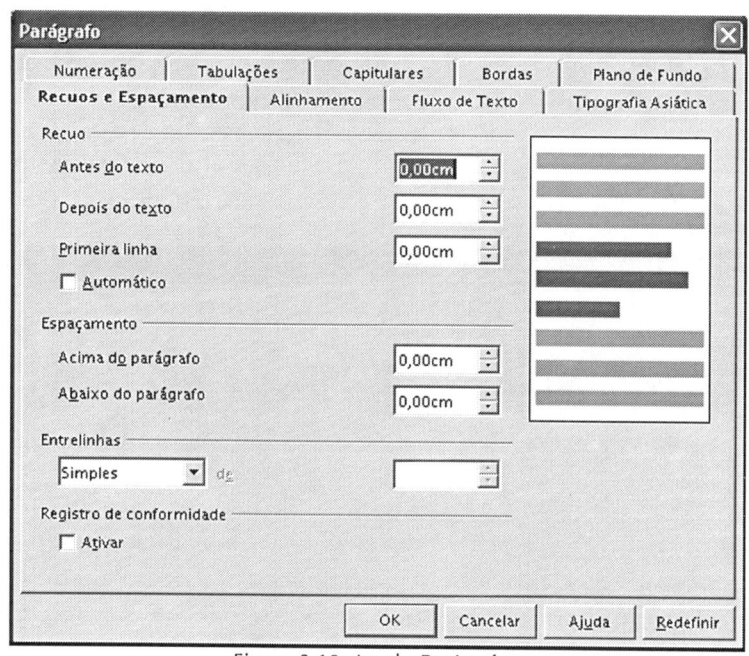

Figura 2.19: Janela Parágrafo.

- *Capitulares* – Por essa opção, pode-se configurar a primeira letra, as primeiras letras ou a primeira do parágrafo como capitular (recurso usado em revistas e jornais, onde esses caracteres aparecem em destaque, em tamanho bem maior do que o resto do texto).

- *Bordas* – Você pode criar uma caixa em torno do parágrafo selecionado, podendo até aplicar um efeito de sombra por trás da caixa, além de aumentar ou reduzir a espessura da linha de contorno.

- *Plano de Fundo* – Escolha uma das cores da paleta para preencher a área por trás do parágrafo.

Página

São oferecidas várias opções para a configuração da sua página, através de oito guias:

- *Nota de Rodapé* – Por essa opção, é aplicada uma configuração padrão para as notas de rodapé que forem inseridas a partir de então ou que já estiverem contidas no documento. As notas de rodapé são inseridas através da opção Inserir, Nota de Rodapé, e serão analisadas mais à frente, nesse capítulo.

- *Organizador* – Oferece a configuração geral do estilo das páginas do documento, permitindo que essas sejam alteradas.

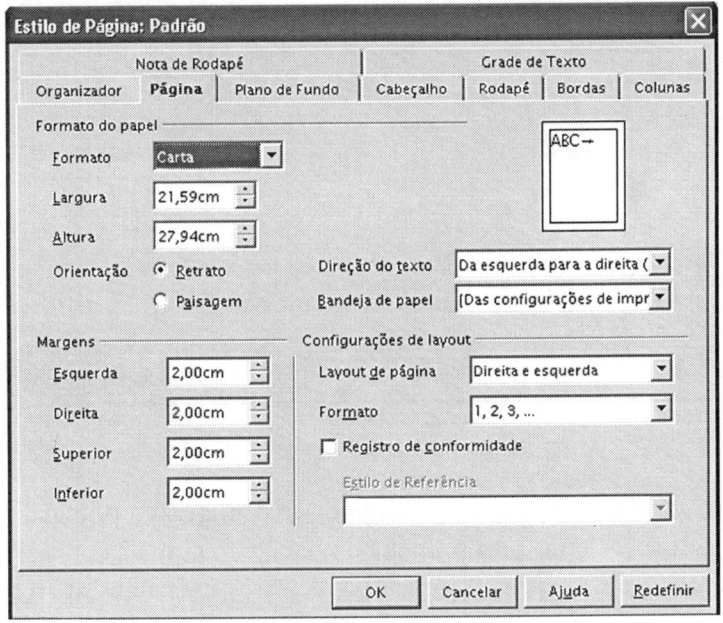

Figura 2.20: Janela Estilo de Página Padrão.

- *Página* – Diversas opções permitem que você configure a página de acordo com tamanho de papel, configure manualmente a largura e a altura da página, reduza ou diminua as margens, mude sua orientação como retrato (vertical) ou paisagem (horizontal), altere o layout das páginas, entre outras opções.

- *Plano de Fundo* – Permite a escolha de uma cor para preencher todo o fundo da página.

- *Cabeçalho* – Permite que caixas para a digitação de cabeçalhos sejam inseridas no topo das páginas de um documento. Ao marcar-se essa opção, um espaço separado do resto da página aparecerá no topo de todas as páginas. Você deverá então digitar nesse espaço o cabeçalho a ser aplicado em todas as páginas desse documento. Independente da página onde ele for escrito originalmente, esse cabeçalho será automaticamente aplicado a todas as demais páginas do documento em questão.

- *Rodapé* – Semelhante à ferramenta *Cabeçalho*, mas insere as caixas de texto na parte inferior das páginas.

- *Bordas* – Permite a criação e a configuração (espessura, padrão, cor, entre outros dados) de uma linha marcando as margens da página.

- *Colunas* – Divide o texto em duas ou mais colunas. Em *Largura e Espaçamento*, é possível configurar uma a uma a medida da largura de cada coluna e a distância entre elas. A opção *Linha Separadora* insere uma linha vertical separando uma coluna da outra, e oferece opções para configurar sua distância em relação ao texto e sua espessura. Para remover a divisão do texto em colunas, basta configurá-lo em uma única coluna, através dessa mesma ferramenta.

Colunas

Abre uma janela de opções igual à descrita no tópico anterior.

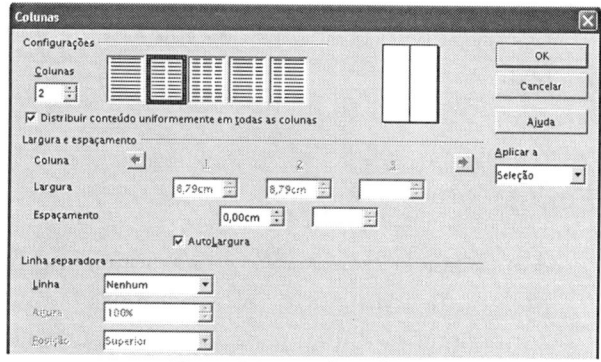

Figura 2.21: Janela Colunas.

Maiúsculas/Minúsculas

Permite configurar os caracteres selecionados como caixa alta (maiúsculas), caixa baixa (minúsculas), entre outras opções.

Ruby

Permite que você adicione comentários acima dos caracteres asiáticos para servir como um guia de pronúncia. Esses comandos somente podem ser acessados após habilitar o suporte a idiomas asiáticos em Ferramentas, Opções, Configurações de Idioma, Idiomas. Feito isso, selecione a palavra desejada e clique nessa opção. Na caixa que se abrirá, nomeada como *Texto Ruby*, digite o texto que você quer usar como um guia de pronúncia.

Numeração/Marcadores

Tem o mesmo objetivo dos botões *Ativar/ Desativar Numeração* e *Ativar/ Desativar Marcadores*, localizados na barra de objetos. Entretanto, antes de aplicar essas marcações ao texto, uma janela oferece vários tipos de marcações diferentes.

Estilos

Oferece diversas opções de estilos predefinidos a serem aplicados ao texto.

Estilista

Abre a janela *Estilos de Parágrafo* (aquela mesma que aparece quando o programa é iniciado pela primeira vez), que dispõe de várias configurações diferentes que podem ser aplicadas ao parágrafo.

AutoFormatar

Essa opção dá ao programa a liberdade de formatar o parágrafo da forma desejada. O resultado pode ser satisfatório ou não. Você pode optar por permitir ao programa aplicar essas formatações durante a digitação ou não.

6 – Revisão ortográfica

Durante a digitação de um texto, pode acontecer de determinadas palavras aparecerem sublinhadas por uma linha vermelha. Isto acontecerá se o botão *Ativar/Desativar Verificação Ortográfica Automática*, na Barra de Ferramentas Principal, estiver pressionado. Quando o programa sublinha em vermelho uma palavra, ele está dizendo que essa palavra não consta no seu dicionário interno. Isto se dá, principalmente, com palavras digitadas de forma errada ou palavras escritas com erros de ortografia. O próprio programa pode corrigi-las, de uma forma muito simples.

Clique sobre a palavra sublinhada com o botão direito do mouse. Um menu será aberto. Logo no topo desse, uma ou mais sugestões de palavras semelhantes irão aparecer. Por exemplo, caso você digite "palava", em vez de "palavra", várias sugestões irão aparecer (palavra, falava, calava, pagava, entre outras). Então, basta que um clique seja dado na opção desejada e a palavra será corrigida automaticamente. No caso da palavra "sujestões", como outro exemplo, a única correção oferecida será a forma correta

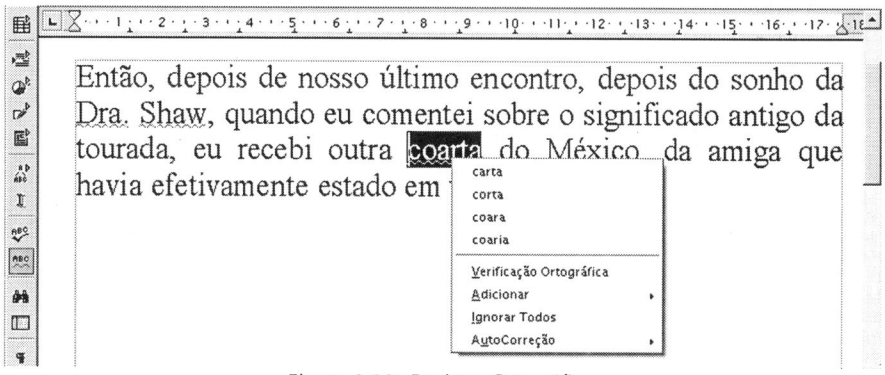

Figura 2.22: Revisão Ortográfica.

"sugestões". Mas fique atento, pois nem sempre a palavra sublinhada contém erros. Pode acontecer de algumas palavras não estarem inseridas no dicionário, mesmo escritas de forma correta. Isto acontece muito com nomes próprios, palavras estrangeiras ou termos específicos que não são do linguajar comum (termos científicos, por exemplo). Algumas palavras até muito comuns aparecem marcadas de vez em quando, estranhamente excluídas do dicionário do OpenOffice. Esse parágrafo mesmo forneceu um exemplo disso com a palavra "única", que apareceu sublinhada (ora, você tinha alguma dúvida sobre em que programa esse livro foi escrito?).

O menu acionado com o botão direito, quando clicado sobre uma palavra marcada, oferece ainda outras opções. Uma delas é a opção *Adicionar*. Caso você tenha certeza de que a palavra digitada está certa, mesmo que essa não faça parte do dicionário, pode clicar em *Adicionar* para que seja acrescentada a um dos dicionários que essa opção mostra. Recomenda-se que seja escolhido o primeiro dicionário, pois é esse que é consultado normalmente. A outra opção é *Ignorar todos*, que faz com que a correção desmarque as palavras sublinhadas, mesmo que essas não constem do dicionário. A opção *AutoCorreção* é redundante, pois ela apenas repete as palavras que são vistas no topo do menu.

Clique em *Verificação Ortográfica*, se é do seu desejo que o documento todo seja revisado. Uma janela se abrirá, com um assistente de revisão ortográfica. Esse assistente é o mesmo que também é iniciado quando a opção Ferramentas, Verificação Ortográfica é clicada, ou quando o botão do mesmo nome é clicado na barra de ferramentas lateral. Esse assistente oferece uma revisão mais complexa. Através dele, o corretor ortográfico irá revisar todo o documento de uma vez, mostrando uma por uma as palavras assinaladas.

No espaço *Palavra*, estará escrita a palavra que está sendo questionada. Em *Sugestão*, pode-se ler a lista de palavras sugeridas, entre as quais, provavelmente, estará a palavra escrita corretamente. À direita, estão quatro botões:

Ignorar

Clique nessa opção caso você queira manter a sua palavra sem alterações.

Ignorar Sempre

Ignora todas as palavras e essas não serão mais marcadas.

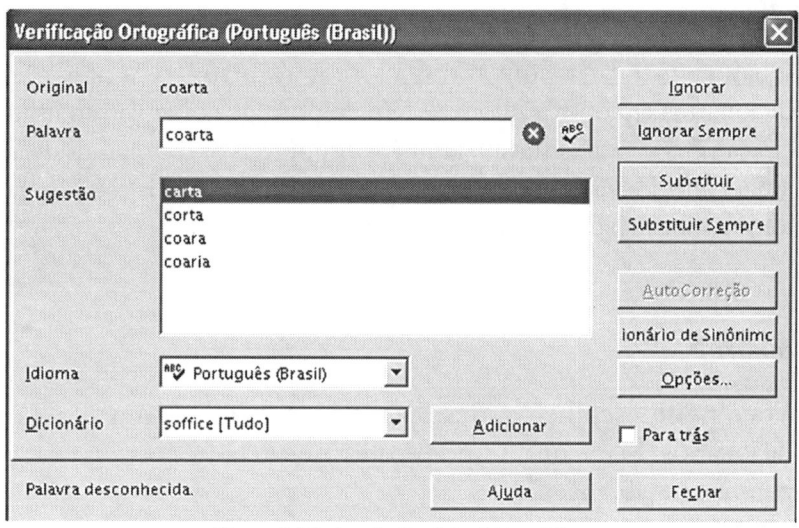

Figura 2.23: Janela Revisão Ortográfica.

Substituir

Substitui a palavra que não está no dicionário pela opção escolhida.

Substituir Sempre

Substitui todas as palavras de uma vez, sem perguntar antes. Cuidado com essa opção! Nem sempre a sugestão que o programa faz é a correta, e até mesmo totalmente sem sentido em muitos casos. Lembre-se: por mais conceituado que seja um programa, ele jamais estará apto a fazer por conta própria a revisão ou mesmo a tradução de um texto. Encare essas ferramentas como ótimos aliados, mas nunca como um profissional autônomo, com poder de discernimento.

Na mesma janela são oferecidas ainda as seguintes opções:

Idioma

Quando instalado com todos os seus recursos, o Writer oferece dicionários em outros idiomas além do português. Na versão usada na criação desse texto, estavam também disponíveis os dicionários de inglês americano, inglês britânico e italiano. Para revisar textos escritos nesses idiomas, basta selecionar um desses dicionários.

Dicionário

Você pode escolher que a revisão se baseie em um desses três dicionários. Mantenha a opção padrão inalterada, pois essa é a mais completa e abrangente.

Adicionar

Ao clicar nessa opção, a palavra em destaque é adicionada ao dicionário selecionado. Dessa forma, esse não vai mais destacar cada ocorrência dessa palavra, que passará a ser reconhecida como correta.

Opções

Abre um pequeno menu, oferecendo diversas alternativas para personalizar a revisão ortográfica, entre as quais você pode selecionar ou desmarcar dicionários, optar pela verificação ou não de palavras escritas com letras maiúsculas ou de palavras com números, pela utilização ou não de todos os dicionários simultaneamente, entre outras opções.

7 – Recurso Completar Palavras

Completar Palavras é uma ferramenta que tem a missão de acelerar a sua digitação. De vez em quando, ao começar a digitar uma palavra, você a verá se "completando", mesmo que se complete como outra palavra que não aquela que estava sendo digitada. Pois isso é apenas uma sugestão da ferramenta *Completar Palavras* e, caso você continue escrevendo normalmente a palavra, nada será alterado. Como exemplo, vejamos a palavra "automóvel". Após digitar o trecho "auto", surgirá na tela a sugestão de completar a palavra como "automaticamente". Como não é essa a palavra que você deseja digitar, deve ignorar essa sugestão. Mas, se estivesse mesmo digitando a palavra "automaticamente", bastaria digitar "auto" e pressionar a tecla **Enter**, quando visse a sugestão aparecer na tela.

Mas, apesar de visar a facilitar o seu trabalho, essa ferramenta pode acabar atrapalhando mais do que qualquer outra coisa. Isso porque nem sempre o usuário mantém os olhos fixos na tela, acompanhando o texto que está sendo digitado, e assim estará correndo o risco de acionar *Completar Palavras* de forma indesejada, sem perceber. O problema é que a tecla **Enter**, usada para confirmar as sugestões apontadas por essa ferramenta, também é usada durante a digitação de textos para a criação de um novo parágrafo. Pode acontecer então de, ao clicar a tecla com esse intuito, uma palavra totalmente indesejada ser inserida no seu texto.

Caso você realmente sinta que esse recurso mais atrapalha do que ajuda, é possível desativá-lo, ou ainda mudar a tecla de confirmação. Para isso, clique em Ferramentas, AutoCorreção/AutoFormatação. Uma janela será mostrada, e você deverá clicar na guia *Completar Palavra*. Nessa, você pode desmarcar a opção *Ativar Recurso de Completar Palavras* para desabilitar esse recurso. Em *Aceitar Com*, são oferecidas outras teclas como forma de confirmar a sugestão de palavras. Você pode ainda selecionar alguma sugestão específica que esteja lhe aborrecendo no quadro à direita, e após clicar em Excluir Entrada, tal sugestão problemática não será mais feita.

8 – Menu Inserir

O menu Inserir oferece uma série de ferramentas valiosas para a edição e a formatação de seus documentos. Vamos ver a utilização das principais opções:

Quebra Manual

Abre uma janela, onde você pode optar por aplicar uma quebra de linha, uma quebra de coluna ou uma quebra de página. Uma quebra de página faz com que o texto a ser digitado siga automaticamente para a página seguinte, impedindo que algo seja digitado no espaço intermediário. É uma solução muito mais profissional do que simplesmente ir pressionando a tecla **Enter** até atingir a página seguinte, pois esse procedimento amador traz problemas depois quando a formatação do documento for alterada. A quebra de linha força o texto a continuar apenas a partir da linha seguinte. Já a quebra de coluna faz com que qualquer nova digitação a partir desse ponto permaneça na coluna seguinte, independente de qualquer futura alteração na formatação do documento. Pode-se, então, mudar o tipo ou o tamanho das letras e fazer com que o texto digitado, após a quebra, mantenha-se no começo da linha, coluna ou página.

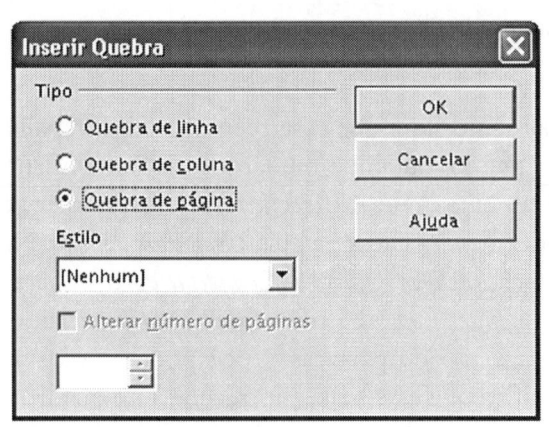

Figura 2.24: Janela Inserir Quebra.

Campos

Permite o acréscimo de campos predeterminados, como *Data*, *Hora*, *Número de Página*, entre outros. Há também a opção *Autor*, que insere o nome do usuário constante no registro do OpenOffice. Em *Outros*, é possível configurar a forma como esses dados serão inseridos no documento.

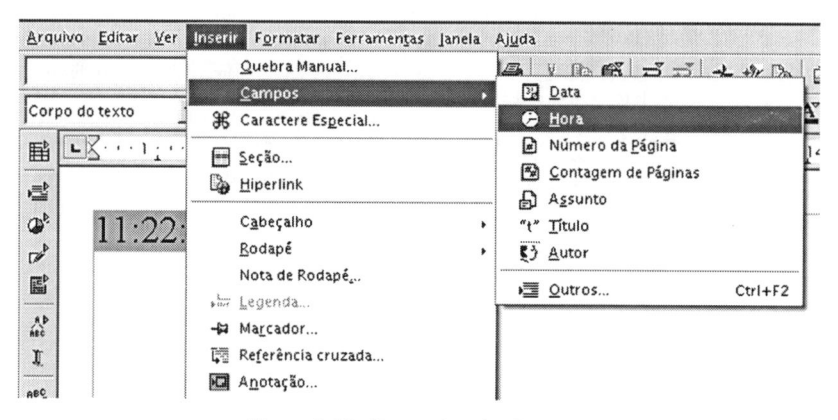

Figura 2.25: Opção Inserir, Campos.

Caractere Especial

Abre a janela *Caracteres Especiais*, onde pode ser escolhido um símbolo que não conste no teclado, a ser acrescentado em seu documento. Para isso, basta um clique sobre o caractere desejado.

Hiperlink

Insere uma ligação a outra página, documento ou endereço da internet, no mesmo estilo das páginas de um website. Na janela *Hiperlink*, você deve escolher o arquivo ao qual o link vai conduzir ao ser clicado, o tipo do arquivo, entre outras informações.

Cabeçalho

Permite a criação de um cabeçalho em todas as páginas, como foi explicado anteriormente, na opção *Formatar, Página*.

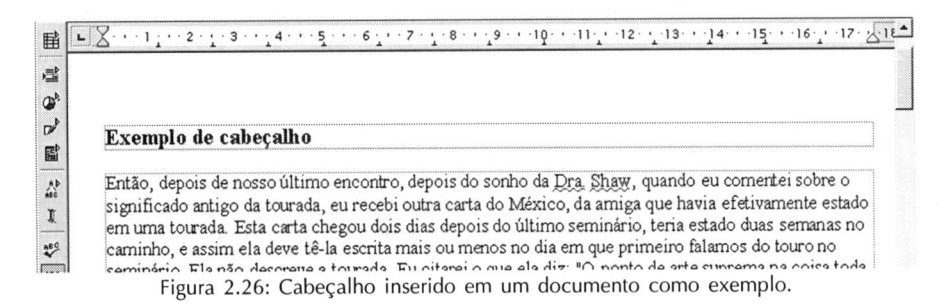

Figura 2.26: Cabeçalho inserido em um documento como exemplo.

Rodapé

Ferramenta também explicada anteriormente, na opção *Formatar, Página*. Permite a criação de um rodapé de texto em todas as páginas do documento. O rodapé é semelhante ao cabeçalho, a diferença é que ele é inserido na base de cada página.

Nota de Rodapé

Quando uma palavra, uma frase ou uma citação exigem uma explicação à parte, a ferramenta *Nota de Rodapé* torna isso possível de forma simples e clara. Basta um clique no ponto do texto desejado e acionar em seguida essa opção. Feito isso, um pequeno número sobrescrito aparecerá no ponto marcado, assim como uma área de rodapé também marcada por esse número. Se é a primeira nota inserida no documento, o número será 1; se for a segunda, 2; e assim em diante. Na área de rodapé, você deverá digitar as notas e explicações desejadas. Uma linha horizontal separa a nota do resto do texto.

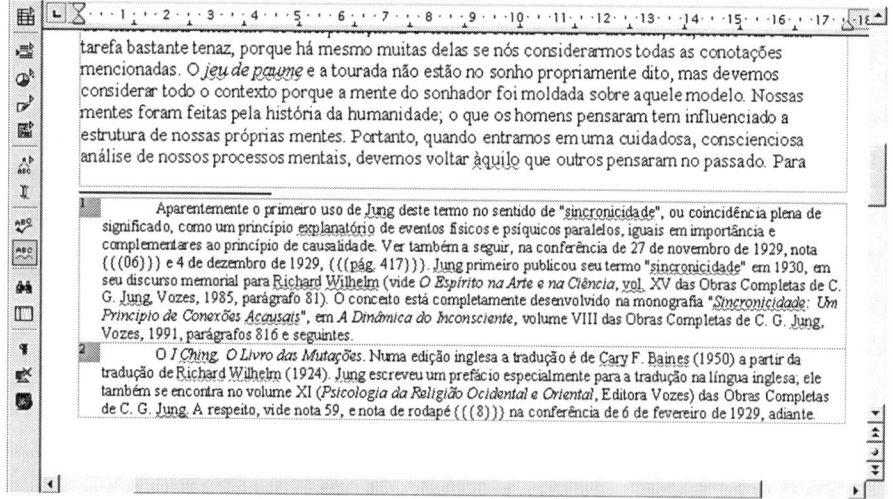

Figura 2.27: Exemplos de notas de rodapé.

Anotação

Essa ferramenta permite a inserção de anotações em qualquer ponto do texto. Caso haja alguma explicação sobre um determinado ponto que não deva fazer parte da composição do texto nem ser visualizado inicialmente ou ser impresso, clique nessa ferramenta quando o marcador estiver posicionado no local desejado. Uma caixa se abrirá, onde você deverá digitar a anotação. Clicando em *OK*, a caixa se fecha, e um discreto marcador amarelo assinalará o ponto do texto onde há uma anotação. Para ler seu conteúdo, basta dar um duplo clique sobre esse marcador.

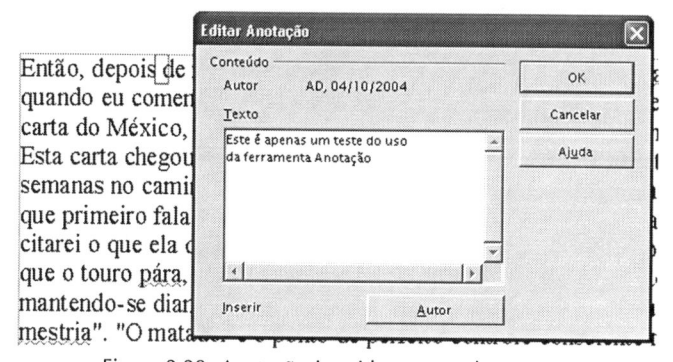

Figura 2.28: Anotação inserida em um documento.

Script

Insere recursos em javascript.

Envelope

Abre uma janela, que serve de auxílio para a impressão de endereços em um envelope.

Na janela que se abre, há três guias: *Envelope*, *Formato* e *Impressora*. Na primeira, você deverá digitar as informações básicas, como nomes e endereços do destinatário e do remetente, cada um em seu campo devido. Se você cadastrou seus dados no registro do OpenOffice, não será preciso preencher os dados do remetente.

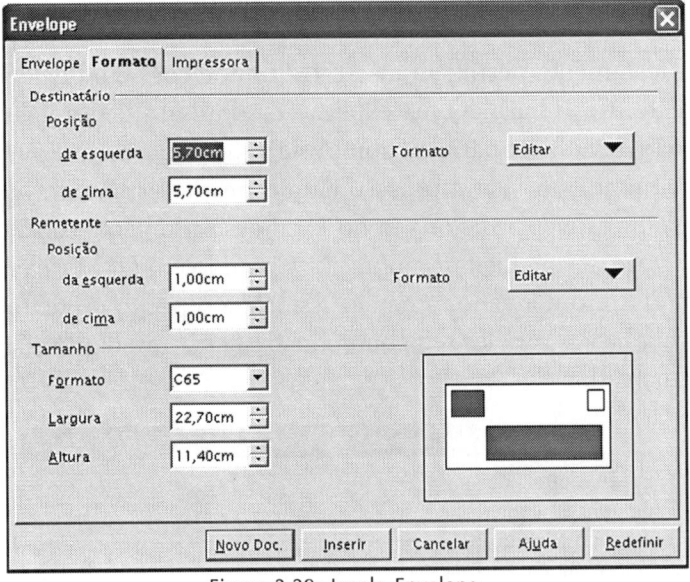

Figura 2.29: Janela Envelope.

Para simplificar o preenchimento do campo destinatário, há uma opção à direita que permite a busca desses dados em bancos de dados.

A guia *Formato* oferece opções para a configuração do tamanho e do espaço a ser ocupado pelos dados do destinatário e do remetente. À direita de cada um desses campos, há a opção também entitulada *Formato*, onde você pode formatar o texto e o parágrafo com esses dados, trocando a fonte, aumentando ou reduzindo as letras, mudando o alinhamento e o espaçamento entre linhas, além de outras opções.

Em *Tamanho*, você deverá digitar as dimensões do envelope, para que o texto não ultrapasse seus limites e nem fique muito pequeno em relação à sua área, dificultando sua visualização.

Por fim, na guia *Impressora*, você deverá marcar a posição no qual o envelope está entrando na impressora em relação a uma folha de papel.

Moldura

Abre uma caixa que comanda a criação de uma moldura de texto em torno do parágrafo selecionado. Essa moldura poderá ser movida, aumentada ou encolhida como um objeto de desenho.

Na janela exibida quando a ferramenta é selecionada, há várias guias, repletas de opções para configuração. Na guia *Tipo*, você pode configurar a medida da altura e da largura, selecionar a opção *Manter Proporção* (para que não haja distorções quando a moldura for aumentada ou reduzida manualmente) e configurar o posicionamento em relação à página.

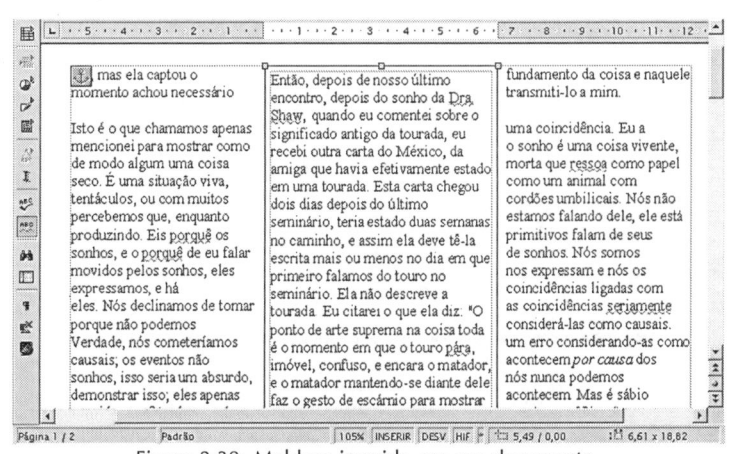

Figura 2.30: Moldura inserida em um documento.

Em *Ajuste de Texto*, há opções que permitem organizar o resto do texto ao redor da moldura e a distância entre esta e o texto.

A guia *Bordas* oferece opções para configurar a espessura e o estilo da linha de borda e até mesmo aplicar efeito de sombra.

Em *Plano de Fundo*, uma paleta oferece diversas cores, entre as quais o usuário poderá escolher uma para preencher o fundo da caixa.

Já a guia *Colunas* permite que o texto inserido dentro da moldura seja dividido em duas ou mais colunas.

Tabela

Cria uma tabela a partir do número de colunas e linhas que você digitar na janela de configuração que se abre quando a ferramenta é acionada.

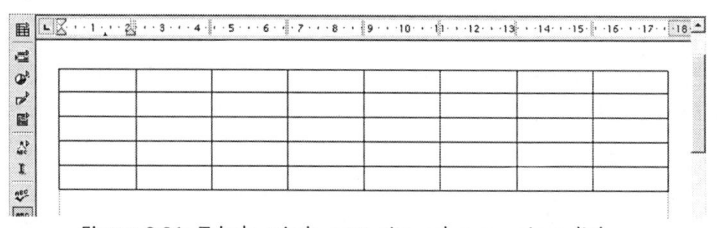

Figura 2.31: Tabela criada com oito colunas e cinco linhas.

Régua Horizontal

Oferece vários estilos de linhas de divisão, para ajudar na organização do documento.

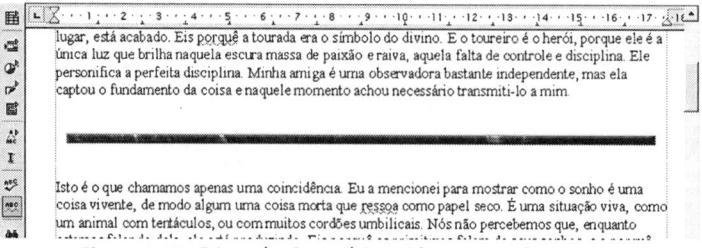

Figura 2.32: Régua horizontal inserida em um documento.

Figura

Oferece duas opções que possibilitam a inclusão de uma imagem na sua página:

- *Do arquivo* – Importa uma imagem já salva.
- *Digitalizar* – Acrescenta uma imagem a partir do scanner.

Objeto

Permite a importação de elementos que não fazem parte do trabalho tradicional de um editor de textos, como sons, vídeos, fórmulas, gráficos, entre outras opções.

Moldura Flutuante

Insere uma caixa estilo janela do Windows, na qual o usuário inclui o objeto (imagem, texto, planilha, entre outros tipos de documento) desejado.

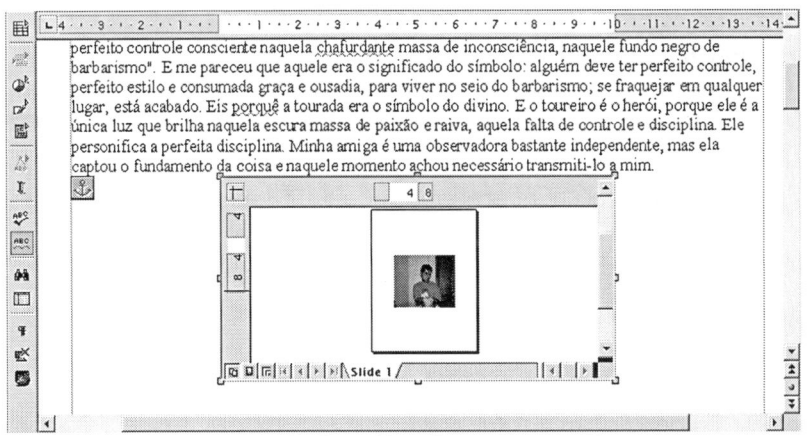

Figura 2.33: Exemplo de moldura flutuante em um documento.

Arquivo

Clicando nessa opção, é possível inserir diretamente o conteúdo de um outro arquivo de texto no ponto escolhido de seu documento.

9 – Botão Inserir

Na Barra de Ferramentas Principal, localizada na lateral esquerda da tela, vemos uma série de botões, exibidos no sentido vertical. Complementando as ferramentas oferecidas no menu *Inserir*, o primeiro desses botões, também denominado *Inserir*, exibe um menu de opções quando o cursor estiver apontando para ele e o botão do mouse for pressionado por um segundo. As opções são:

Inserir Moldura Manualmente

Permite que uma moldura retangular seja desenhada.

Inserir Figura

Abre uma janela, através da qual você deverá selecionar o arquivo que contém a imagem desejada. Um quadro branco, à direita dessa janela, oferece uma prévia da imagem selecionada.

Inserir Tabela

Apresenta uma pequena amostra do que pode vir a ser a sua tabela. É preciso deslocar o cursor na diagonal e posicioná-lo sobre a célula da última linha e última coluna a serem criadas.

Inserir Documento

Permite que um outro arquivo de textos seja inserido a partir do ponto selecionado.

Inserir Nota de Rodapé Diretamente

Cria um quadro de rodapé de página, com espaço para que sejam feitas anotações.

Inserir Nota de Fim Diretamente

Insere um quadro para notas no final do documento.

Inserir Caractere Especial

Trata-se de um atalho para a ferramenta de mesmo nome vista antes no menu Inserir, e tem a mesma função desta.

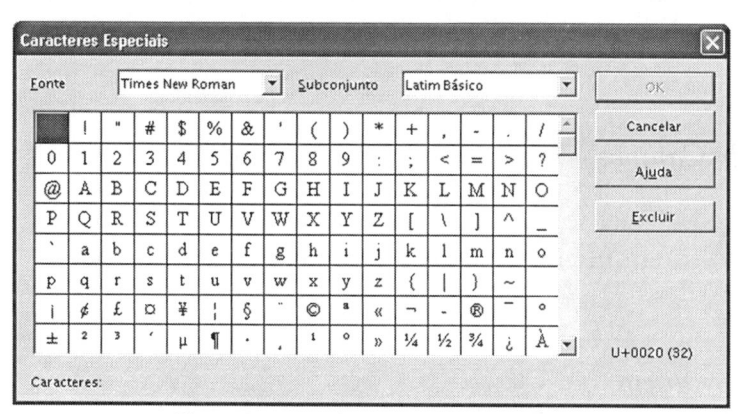

Figura 2.34: Janela Caracteres Especiais.

Inserir Seção

O texto selecionado pode ser lido em duas, três ou mais colunas, em vez de em uma coluna única. Para isso, basta clicar no número da coluna correspondente à quantidade de colunas desejada.

Inserir Marcador de Índice

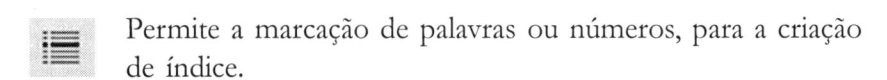

Permite a marcação de palavras ou números, para a criação de índice.

Inserir Marcador

Marca o texto selecionado como índice ou entrada de índice.

10 – Barra de Ferramentas Principal

Continuando as opções oferecidas pela barra lateral, temos de cima para baixo:

Inserir Campos

Trata-se de um atalho para a mesma função obtida em Inserir, Campos e já comentada anteriormente.

Inserir Objeto

Permite a inserção de vários tipos de elementos que não fazem parte do Writer, como imagens, tabelas e fórmulas.

Figura 2.35: Barra de Ferramentas Principal.

Mostrar Funções de Desenho

Exibe um menu com várias opções de imagens simples a serem criadas. As principais são:

- *Linha* – Pode-se escolher, no menu de opções, vários tipos de linhas simples ou linhas com setas em suas pontas. Escolhido o seu tipo, clique exatamente no ponto de origem da linha e desloque o cursor, com o botão pressionado, até o ponto de destino. Depois de criada a linha, você pode, ainda, modificar os seus pontos de origem e de destino, movendo-os por meio de dois quadrinhos azulados que aparecem em cada ponta, quando a linha estiver selecionada.

Figura 2.36: Menu Funções de Desenho.

- *Retângulo* – Clicando-se em um ponto e arrastando o cursor na diagonal, com o botão do mouse pressionado, essa ferramenta cria um retângulo automaticamente. Pressionando-se a tecla **Shift** durante a operação, essa ferramenta cria um quadrado perfeito.

- *Elipse* – Funciona da mesma forma que a ferramenta descrita anteriormente. Com a tecla **Shift**, faz-se um círculo perfeito. Nesse menu, existem várias outras possibilidades de criação, como setor de círculo, segmento de círculo ou arco.

- *Polígono* – Ao clicar em um ponto da página, deslocando-se o cursor com o botão do mouse pressionado, uma reta é traçada. Ao chegar no ponto desejado, dando-se um clique no mouse, uma nova reta é criada. Terminando a forma desejada, dê um clique duplo no botão do mouse e essas retas se transformarão em um objeto fechado, com preenchimento.

- *Curva* – Funciona como a ferramenta anterior: clicando em um ponto da página, mova o cursor com o botão do mouse pressionado e uma reta será traçada. Entretanto, essa reta pode transformar-se em uma curva, dependendo apenas da direção em que você move o cursor. Ao chegar no ponto desejado, dê um clique no mouse e uma nova "reta/curva" será iniciada. Para finalizar o trabalho de criação, é necessário dar dois cliques no botão do mouse e a figura será fechada.

- *Linha à Mão Livre* – O cursor vira uma espécie de caneta e, com o botão do mouse pressionado, você pode fazer desenhos livres no seu documento. Depois de pronta, a "linha" será reconhecida como um objeto normal.

- *Texto* – Desativa qualquer opção de desenho escolhida, dando a função normal ao cursor.

- *Textos Explicativos* – Cria uma caixa de textos com uma linha que pode ser ligada a outro objeto.

Cada objeto criado será envolvido por oito quadrinhos verdes. Através desses, você poderá esticar ou encolher a forma selecionada, na direção do quadrinho clicado. Cada vez que quiser selecionar um objeto, dê um clique sobre esse e os quadrinhos verdes voltarão a ser vistos, caracterizando a seleção. Para excluir um objeto, aperte a tecla **Delete** do teclado quando o objeto estiver selecionado. A Barra de Objetos se transforma, oferecendo várias opções para o tratamento dessas imagens. Entre essas opções se destacam:

- *Estilo, Largura* e *Cor da linha* – Permitem que sejam editadas ou alteradas as configurações da linha de contorno do objeto.

- *Estilo de Área / Preenchimento*– Determina o estilo e a cor interna do objeto selecionado.

- *Modo de Rotação do Objeto*– Ao clicar nessa ferramenta, você poderá ver que o objeto que estiver selecionado será marcado por pequenos pontos vermelhos ao seu redor, no lugar dos quadrinhos verdes. Através dos pontos diagonais, você poderá girar o objeto na direção desejada. Já os pontos laterais, quando movidos, deformam o objeto. Observe que, no centro da seleção, há um símbolo semelhante a uma "mira". Este símbolo marca o eixo em torno do qual o objeto irá girar e pode ser movido para qualquer ponto da área de trabalho.

- *Para Primeiro Plano* e *Para Plano de Fundo* – Permitem que o objeto seja posicionado na frente ou por trás do texto.

Mostrar Funções de Formulário

Oferece vários itens que podem ser usados na criação de um formulário.

Editar AutoTexto

Clicando-se nessa ferramenta, a janela *AutoTexto* se abre, oferecendo várias opções para o trabalho com essa ferramenta. Esse recurso permite que se armazenem textos formatados, tabelas e elementos gráficos para que esses sejam inseridos a qualquer momento, por meio de um nome específico ou uma tecla de atalho.

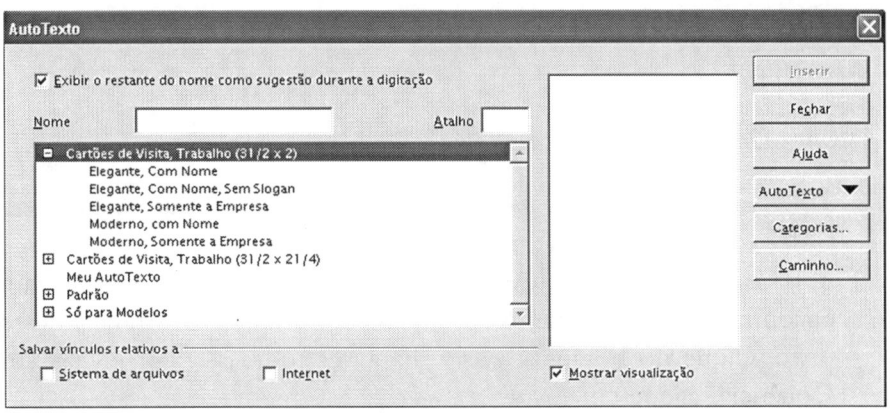

Figura 2.37: Janela AutoTexto.

Marcando a opção *Exibir o restante do nome como sugestão durante a digitação*, o programa exibe uma sugestão para completar uma palavra como uma *Dica de Ajuda* depois de digitar as três primeiras letras de uma palavra que corresponde a uma entrada de *AutoTexto*. Para aceitar a sugestão, pressione **Enter**. Se houver mais de uma entrada de AutoTexto que corresponda às letras digitadas, pressione **Ctrl+Tab** para avançar nas entradas. Você pode também digitar o atalho (que aparece no campo *Atalho*), apertando a tecla **F3** logo em seguida.

O quadro logo abaixo dessa opção oferece opções prontas já com atalhos criados, mas você pode gerar o seu próprio atalho.

Ativar/Desativar Cursor Direto

Permite que o texto a ser digitado comece de qualquer ponto em branco da página, sem que seja necessária a digitação de linhas e espaços até chegar no ponto desejado.

Verificação Ortográfica
Ativar/Desativar Verificação Ortográfica Automática

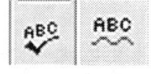

Aciona essas duas ferramentas já comentadas nesse capítulo.

Ativar/Desativar Localizar

Abre a janela *Pesquisar e Substituir*. Para encontrar uma palavra ou seqüência de palavras ou caracteres em um texto, clique nessa opção e digite o texto a ser encontrado em *Procurar Por*. Para encontrar o ponto seguinte do documento onde há ocorrência desse texto, clique no botão *Localizar*. Para ver todas as ocorrências em seqüência, clique em *Localizar Tudo*.

Para substituir uma palavra ou uma seqüência de textos por outra (como no caso da correção de uma mesma palavra digitada de forma errada por todo o documento), digite o texto a ser substituído em *Procurar Por* e, em seguida, o novo texto em *Substituir Por*. Clicando no botão *Substituir*, as ocorrências do texto a ser substituído são alteradas uma a uma. E, se o clique for na opção *Substituir Tudo*, todas as ocorrências são alteradas de uma só vez.

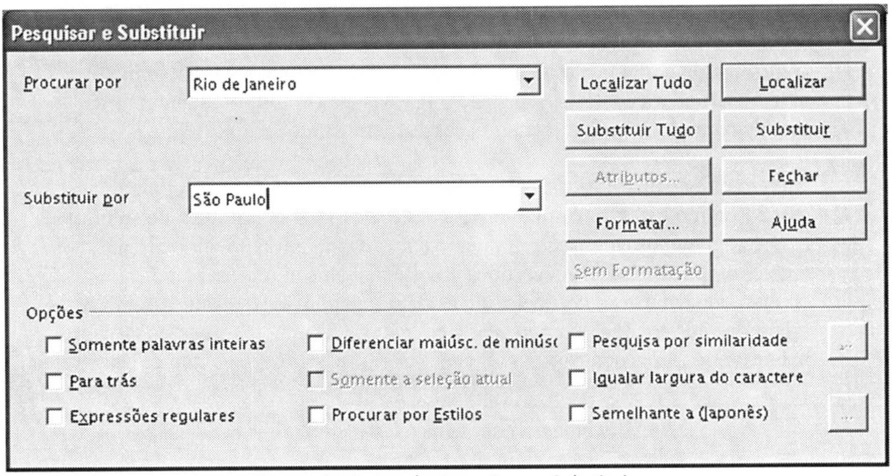

Figura 2.38: Janela Pesquisar e Substituir.

Fontes de Dados

Permite a seleção de um arquivo de banco de dados, a partir do qual serão importadas novas informações.

Ativar/ Desativar Caracteres Não-Imprimíveis

Cada espaço digitado, seja entre palavras ou linhas ou, ainda, o espaço criado pela tecla **Tab**, é reconhecido como caractere, apesar de se caracterizar justamente por não exibir símbolo algum. Ativando-se essa opção, o programa passa a exibir símbolos que marcam esses caracteres, permitindo que sejam visualizados. Isto pode ser bastante útil em alguns casos, como naquele momento em que você fica na dúvida se digitou espaços demais entre duas palavras, por exemplo. Como o próprio nome da ferramenta diz, esses caracteres vão apenas auxiliar a visualização do seu texto, não serão impressos.

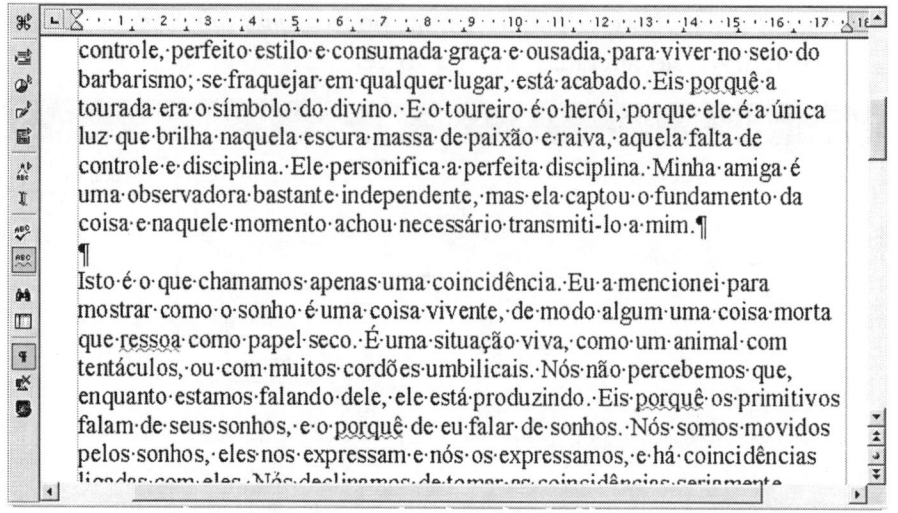

Figura 2.39: Documento com caracteres não-imprimíveis ativados.

Ativar/Desativar Figura

Ao clicar a primeira vez nessa opção, as imagens contidas no documento são ocultadas, dando lugar a uma caixa que marca toda a sua área. Dentro dessa caixa, aparece escrito o nome do arquivo e o local onde ele está salvo. O uso dessa opção pode facilitar em muito o trabalho com documentos repletos de imagens, pois a partir do momento que, mesmo momentaneamente, o programa não precisa lê-las, o trabalho de edição torna-se mais ágil. Para voltar a exibi-las, basta clicar novamente nessa mesma ferramenta. O fato das imagens estarem ou não ocultas não afeta a impressão do documento.

Layout On-line

Exibe as páginas do documento do modo que elas ficarão caso sejam exportadas para um arquivo HTML, destinado a ser acessado pela internet.

11 – Menu Ferramentas

O menu *Ferramentas*, visto no topo da tela, oferece uma série de ferramentas importantes para finalizar a criação de seu documento.

Verificação Ortográfica

Aciona a ferramenta *Verificação Ortográfica*, já explicada anteriormente.

Dicionário de Sinônimos

Oferece uma lista de sinônimos da palavra selecionada.

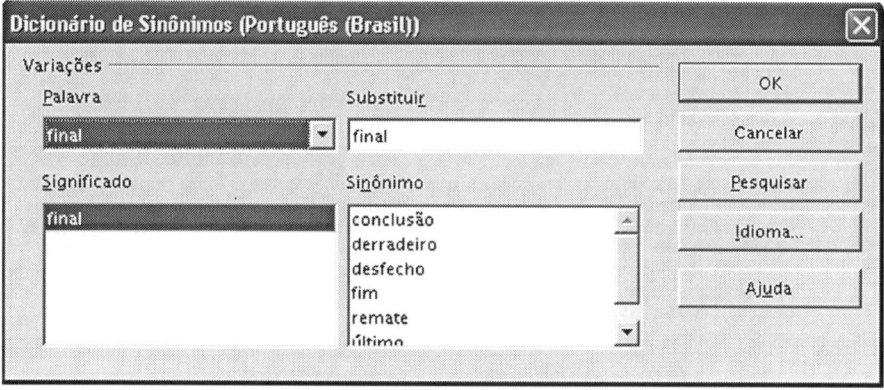

Figura 2.40: Dicionário de Sinônimos.

Divisão Silábica

Faz com que o programa divida automaticamente palavras que estejam no final das linhas.

AutoCorreção/AutoFormatação

Permite que sejam acrescentadas informações de substituições automáticas que o programa deverá fazer, durante o trabalho de digitação.

Numeração da Estrutura de Tópicos

Facilita a numeração de páginas e de capítulos para um livro que esteja sendo escrito em um único arquivo.

Numeração de Linhas

Mostra a numeração das linhas selecionadas, no espaço antes da margem esquerda da página.

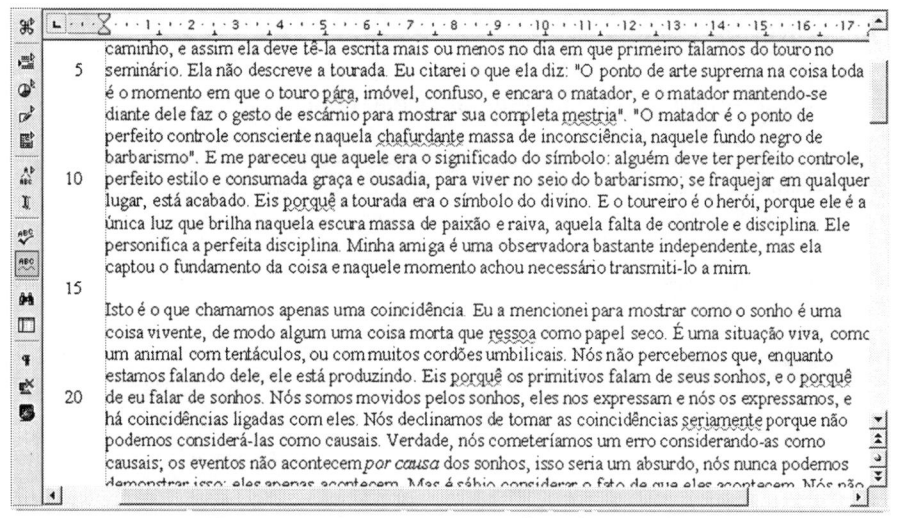

Figura 2.41: Opção Numeração de Linhas ativada.

Notas de Rodapé

Permite o acréscimo de caixas de texto no rodapé de cada página.

Galeria

Clicando nessa opção, um painel horizontal é exibido no topo da tela, que mostra um preview de objetos a serem inseridos no documento. À esquerda, são oferecidas várias categorias de objetos, entre *Efeitos*

3D, Marcadores, Sons, Planos de fundo e *Réguas*. Clicando em uma dessas categorias, os objetos pertencentes a ele são exibidos no painel à direita. Para inserir qualquer um desses itens ao documento, basta arrastá-lo ao ponto desejado, mantendo o botão do mouse pressionado.

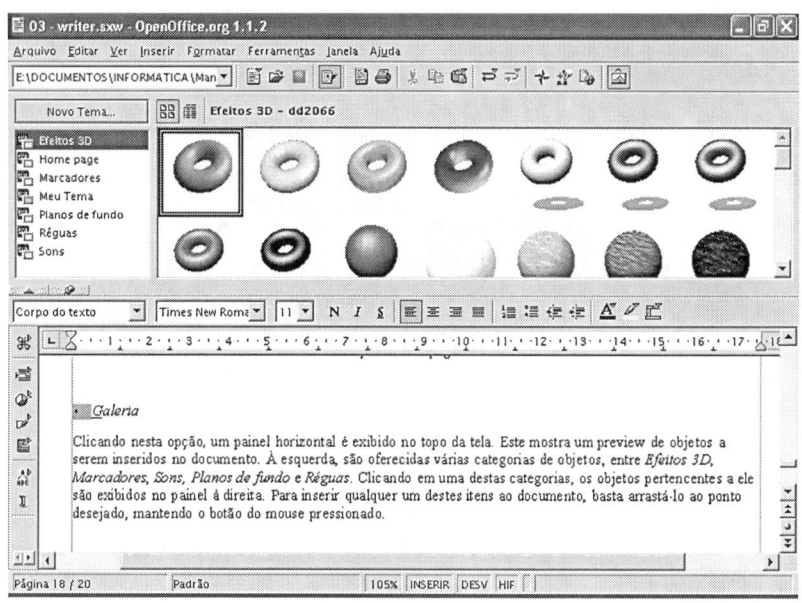

Figura 2.42: Painel Galeria ativado.

Fonte de Dados

Apenas outra forma de acesso à ferramenta Fonte de Dados, que também aparece na barra de ferramentas principal e que já foi comentada anteriormente nesse capítulo.

Mala direta

Um assistente para a criação de mala-direta, baseado em dados contidos no texto em questão ou em modelos predefinidos.

Texto <-> Tabela

Converte um texto selecionado para o formato de tabela, assim como converte os dados de uma tabela selecionada em texto.

Ordenar

Ordena os parágrafos ou tópicos selecionados com base na ordem alfabética, nos sentidos crescente ou decrescente.

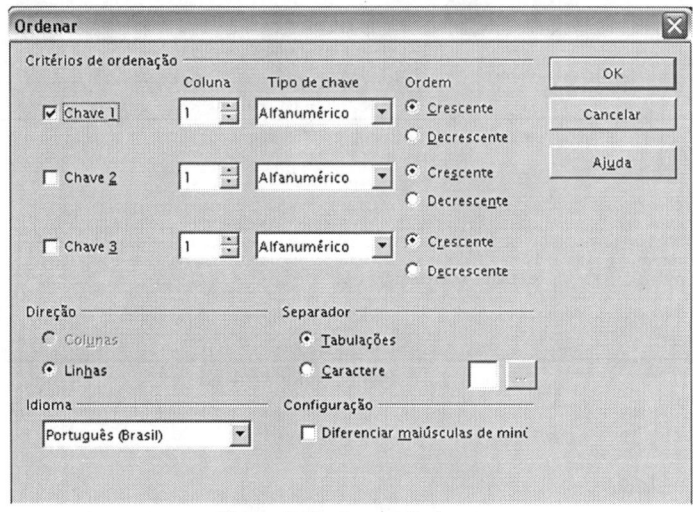

Figura 2.43: Janela Ordenar.

12 - Formatos de arquivos

O formato padrão de arquivos do Writer tem a extensão .sxw. Todos os outros programas do pacote OpenOffice são compatíveis com esse formato, mas dificilmente você conseguirá usar esse texto com outro programa fora do pacote, com exceção do primo StarOffice.

Mas isso não é problema, pois o seu texto pode ser salvo em diversos outros formatos. Você pode fazer a opção do tipo de arquivo que mais se encaixa aos seus objetivos quando o arquivo é salvo pela primeira vez, ou então pode salvar uma nova versão de um arquivo já salvo, escolhendo outro formato. Salvo em casos raros de configurações mais complexas, o conteúdo e a formatação de seu texto não sofrerá qualquer alteração seja em que formato ele for salvo (a exceção é o formato .txt, que logo será comentado).

Ao clicar em Arquivo, Salvar Como, abaixo do campo *Nome do Arquivo*, há a opção *Salvar Arquivo do Tipo*. Ao lado, uma guia onde várias opções são exibidas caso essa seja clicada. Você deverá selecionar a opção desejada clicando em seu nome. A opção mostrada inicialmente é *Documento texto do OpenOffice.org 1.0 (.swx)*, que é o formato padrão do programa, como foi comentado.

Vejamos, então, outras opções interessantes, entre as oferecidas.

Microsoft Word 6.0 - 95 – 97/2000 (.doc)

Essa opção gerará um arquivo com extensão .doc, que é o formato padrão do Microsoft Word. Pela popularidade desse programa, o formato .doc é reconhecido por praticamente todos os programas que trabalham com edição ou importação de textos. Ele é o formato ideal caso seu texto destine-se a ser aberto e editado futuramente no Word.

Rich Text Format (.rtf)

Esse formato é universal e não está vinculado a nenhum programa específico. Quando um site da Internet disponibilizar um texto para que o usuário faça o download para lê-lo depois, esse texto estará quase sempre no formato Rich Text Format, o que é uma garantia de que ninguém vai ter problemas para lê-lo, quaisquer que sejam os programas instalados em seu computador. Os textos salvos nesse formato ocupam mais espaço em disco do que os arquivos salvos no formato .doc. Porém, na atual era dos gigabytes, são poucos os usuários que vão se importar se seu texto vai ocupar 300 ou 600 kb.

StarWriter 3.0 – 4.0 – 5.0 (.sdw)

É o formato padrão do StarOffice, o programa a partir do qual o OpenOffice foi criado. Só mesmo em casos muito específicos será útil salvar seu arquivo nesse formato, como um arquivo com formatações avançadas que se destine a ser editado ou lido posteriormente pelo StarOffice.

Texto (.txt)

O formato .txt é o formato de texto mais básico que existe. Caso o seu texto seja salvo nesse formato, ele não gravará sequer as formatações mais básicas, como tipo de fonte ou tamanho dos caracteres. Porém, é o formato mais universal que existe, e pode ser lido por aplicativos de qualquer sistema operacional.

Documento HTML (OpenOffice.org Writer) (.htm)

Os arquivos .htm são típicos da internet, e boa parte das páginas dos sites que você visita na rede estão salvos nesse formato. Caso o seu texto destine-se a ser exibido em browsers (programas de navegação, como o Internet Explorer), esse é o formato recomendado.

13 – Criando arquivos PDF

Além da opção de salvar seu texto nos formatos de arquivo padrão, o Writer ainda oferece um trunfo do qual os usuários do Word não dispõem. Trata-se da exportação do documento para o formato PDF. PDF é a sigla de Portable Document Format (Formato de Documento Portátil, em bom português). Esse tipo de arquivo criado pela Adobe, o mesmo fabricante do Photoshop, tem como objetivo criar documentos que possam ser lidos por qualquer computador, independentemente do sistema operacional e das fontes instalados. Ele conserva a diagramação do documento, seja somente texto ou uma combinação de textos e imagens.

A opção PDF não está disponível na janela *Salvar Como*. Você deve salvar seu texto em qualquer um dos formatos oferecidos, e só aí exportá-lo para o formato PDF. Isso porque, após gerado, o documento PDF não poderá mais ser editado, nem mesmo será lido pelo Writer. Um arquivo PDF destina-se somente à leitura, e essa é feita pelo programa Adobe Reader, que, assim como o OpenOffice, é gratuito e pode ser obtido por download ou nos CDs de revistas, com versões para vários sistemas entre os mais conhecidos.

Para exportar seu documento para o formato PDF, você tem duas opções. Clicando em Arquivo, Exportar como PDF, será necessário apenas selecionar a pasta onde ele será salvo e seu nome. O mesmo pode ser feito também pelo botão *Exportar como PDF*, encontrado na Barra de Funções.

Capítulo 3

A planilha de cálculos Calc

Para a criação de planilhas, o pacote OpenOffice.org oferece o aplicativo Calc, muito semelhante ao Microsoft Excel. Seu uso é bem simples, e certamente alguém já habituado com o uso do Excel não vai ter qualquer problema para se adaptar ao funcionamento do Calc.

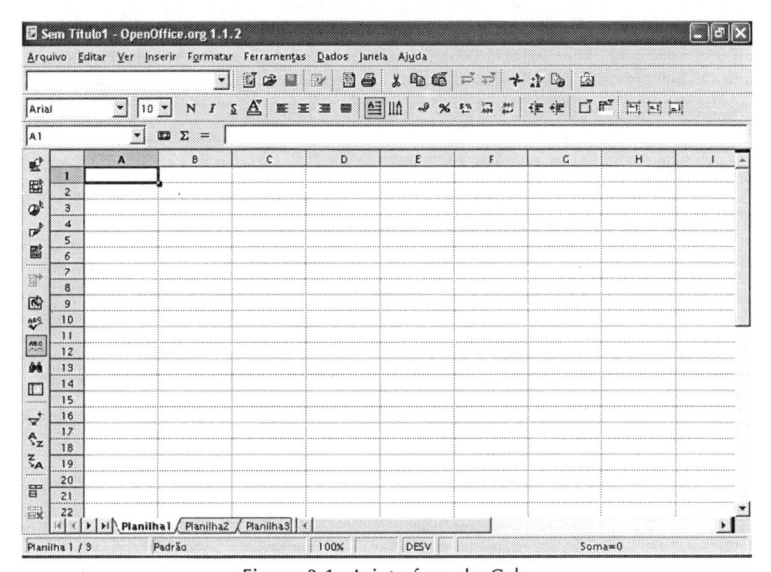

Figura 3.1: A interface do Calc.

Como acontece com todos os programas do pacote, você tem três formas diferentes de iniciar o Calc. Você pode clicar no ícone *Planilha*, que consta no grupo OpenOffice.org da barra Iniciar. Pode também escolher a opção *Planilha* pelo ícone Iniciador Rápido do OpenOffice.org, que pode ser encontrado na Taskbar do Windows. Ou ainda, caso haja algum aplicativo OpenOffice aberto, basta clicar em Arquivo, Novo, Planilha, que o Calc será aberto automaticamente. A partir de então, a tela do Calc será vista, com uma tabela em branco, permitindo que você logo veja a semelhança com o Microsoft Excel.

1 – Inserindo dados em uma tabela

Não há segredos quanto à digitação dos dados desejados em cada célula. Basta um clique com o cursor do mouse na célula desejada. Essa ficará em destaque e tudo o que você digitar vai aparecer no interior dessa. Você pode selecionar uma outra célula clicando nesta, ou deslocando o marcador com o uso das setas do teclado, na horizontal ou na vertical.

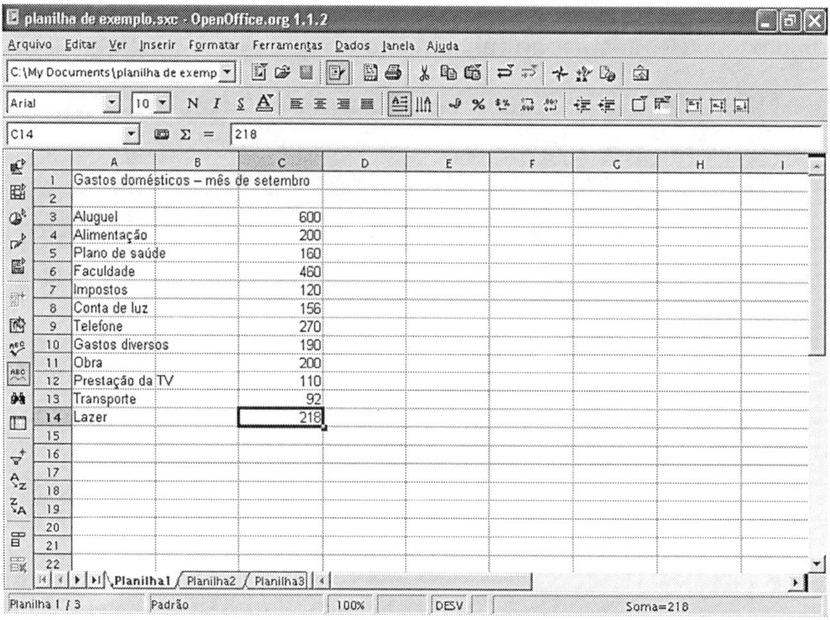

Figura 3.2: Exemplo de tabela.

A planilha de cálculos Calc   71

FIQUE ATENTO!

Muitas vezes, o conteúdo da célula irá ultrapassar o seu tamanho, mas isso, em momento algum, vai tornar-se um problema. Caso não haja nada digitado na célula à direita, o texto irá continuar sobre essa. No entanto, quando você acrescentar algum dado nessa segunda célula, o conteúdo da primeira se limitará a ela mesma. Quando isso acontece, aparece uma pequena seta vermelha indicando que ali há mais informações digitadas. Com um duplo clique nessa célula, o conteúdo volta a aparecer por cima das demais informações, até que uma outra célula seja selecionada.

Figura 3.3: O conteúdo da célula ultrapassa seus limites.

Você ainda conta, na Barra de Fórmulas, com a *Linha de Entrada* para auxiliar a digitação. A Linha de Entrada é um retângulo branco que mostra o conteúdo da célula selecionada durante e após a digitação. Mesmo antes de dar um clique duplo na célula que contiver textos além do seu limite, o conteúdo dessa já poderá ser visto na Linha de Entrada. Do lado esquerdo da Linha de Entrada podem-se ver dois botões, cujas funções, respectivamente, são:

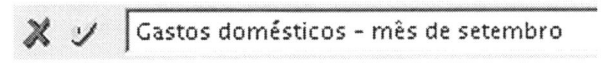

Figura 3.4: Linha de Entrada.

Cancelar

Apaga o que foi digitado na Linha de Entrada para a célula selecionada.

Aceitar

Aplica as informações digitadas à célula selecionada.

72   Desvendando e Dominando o OpenOffice.org

Essas opções aparecem disponíveis apenas quando a digitação dos dados de uma célula é iniciada. Antes disso, em seu lugar, aparecem os botões *Soma* e *Função*, esse último exibindo um sinal de igual. Estas se aplicam nas células com conteúdo numérico e funcionam da seguinte forma:

Soma

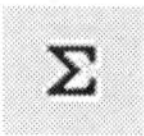

É possível determinar que o número contido em uma célula seja sempre o resultado da soma dos números contidos em duas outras células. Para isso, selecione a célula em branco no ponto desejado. Clique, então, na ferramenta *Soma*. A partir daí, você deverá selecionar as células a serem somadas (dependendo da simplicidade da tabela, nem é preciso selecionar as células, essas são selecionadas automaticamente, desde que estejam em seqüência). Para selecioná-las, clique na célula com o primeiro valor numérico desejado e, depois, mantendo a tecla **Shift** pressionada, clique na outra célula desejada, cujo valor numérico deverá somar-se ao valor inicial. Depois que isso for feito, dê um clique na tecla **Enter**. Será notado que, na célula em branco selecionada, vai aparecer a soma dos valores

Figura 3.5: Uso da ferramenta SOMA.

A planilha de cálculos Calc   73

das outras duas células. Note também que, quando o valor de uma dessas for alterado, o valor da soma se atualizará automaticamente. É possível fazer essa operação de outra forma, usando-se uma fórmula. As fórmulas serão explicadas logo à frente.

Função

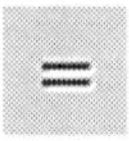

= Funciona de forma semelhante à ferramenta anterior. A ferramenta *Função* permite que duas células mantenham sempre um valor igual, independentemente de que alterações sejam feitas. Para que isso aconteça, clique na célula em branco na qual você quer que se repita um valor já digitado. Dê um clique na ferramenta *Função* e, logo depois, clique na célula cujo valor deve ser repetido nesse novo espaço.

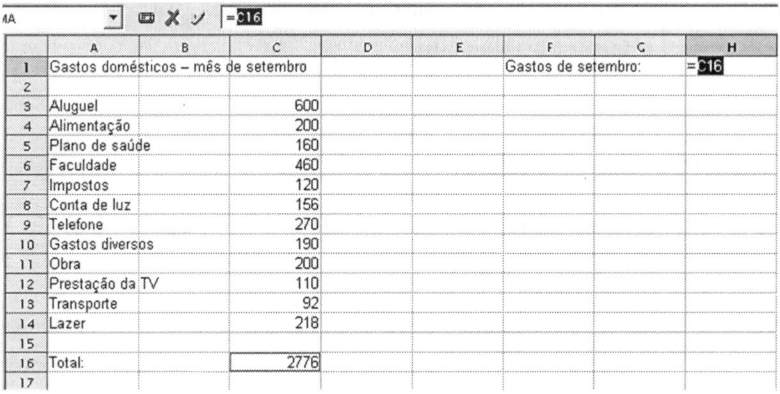

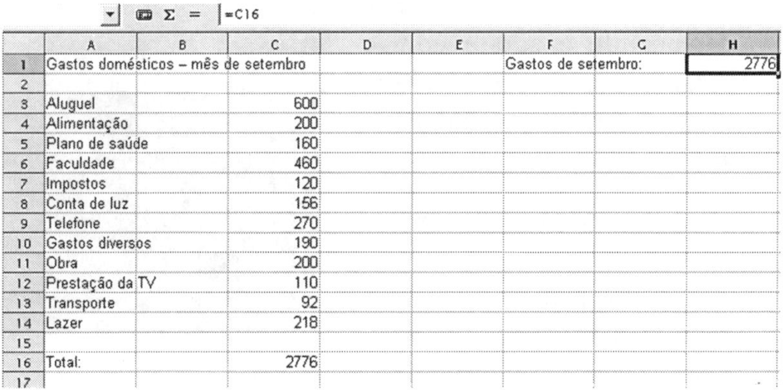

Figura 3.6: Exemplo do uso da ferramenta Função.

74 Desvendando e Dominando o OpenOffice.org

Pressionando a tecla **Enter**, o valor da segunda célula se repetirá na primeira. É possível fazer essa mesma operação de outra forma, talvez até mais simples. Basta digitar na célula em branco o sinal de igual e a célula que contém o valor que se deseja repetir (Exemplo: =B9).

Os comandos *Cortar*, *Copiar* e *Colar* também funcionam aqui como em qualquer outro programa. Para mover o conteúdo de uma célula a outra, selecione o conteúdo da célula de origem e clique em Editar, Cortar. Selecione, em seguida, a célula de destino e clique em Colar. Fazendo o mesmo processo com as opções Copiar e Colar, o conteúdo não será apagado da célula de origem, mas se repetirá na célula de destino. Note que a opção Copiar e Colar é diferente do uso da ferramenta *Função*. Ambas destinam-se a repetir o conteúdo de uma célula em outra. Entretanto, ao contrário da ferramenta *Função*, caso o conteúdo da primeira célula sofra modificações, o conteúdo da célula "colada" permanecerá o mesmo.

2 – Seleção de células

Você pode selecionar uma ou mais células (ou mesmo todas) de várias formas:

- Com um simples clique sobre uma célula, essa já estará selecionada, o que se pode ver pelo destaque que é dado à sua linha de contorno.

- Clicando em uma célula e deslocando o cursor com o botão do mouse pressionado, as células na horizontal e na vertical serão selecionadas.

- Deslocando o cursor na diagonal, você estará selecionando todas as células compreendidas entre a primeira a ser clicada e a última.

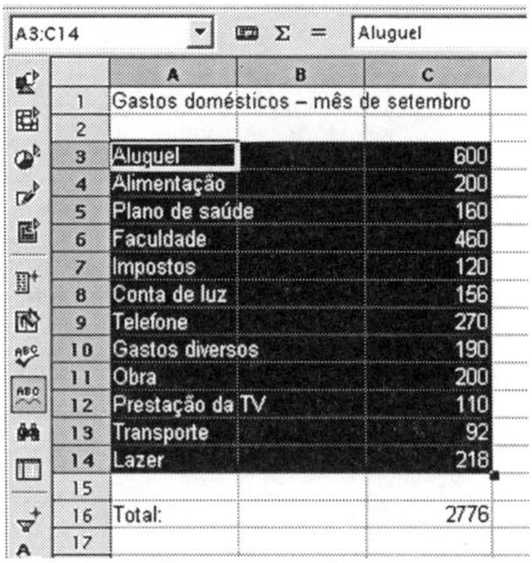

Figura 3.7: Células selecionadas.

A planilha de cálculos Calc

- Pode-se, ainda, clicar na primeira célula a ser selecionada e depois clicar na última, mantendo a tecla **Shift** pressionada. Todas as células compreendidas entre essas duas (inclusive as próprias) serão selecionadas.

- Clicando na letra que designa uma coluna ou no número que distingue uma linha, a coluna ou linha correspondente será selecionada automaticamente.

- Por fim, você pode clicar na opção Editar, Selecionar Tudo e todas as células da sua tabela serão selecionadas.

3 – Fórmulas

Além de textos e números, também é possível digitar em uma célula aquilo que chamamos de fórmulas. Uma fórmula permite que sejam feitos cálculos envolvendo valores de outras células. Para isso, serão usados os sinais matemáticos:

- + (soma)
- - (subtração)
- * (multiplicação)
- / (divisão)
- = (igual)
- % (porcentagem)
- ^ (exponenciação)

Através dessas fórmulas, você pode fazer com que o conteúdo de uma célula seja sempre o resultado de uma operação envolvendo os valores de outras células. Eis alguns exemplos de como as fórmulas podem ser aplicadas:

- =E5+S14

Digitando essa fórmula em uma célula, esta mostrará sempre a soma dos valores contidos na célula E5 e S14.

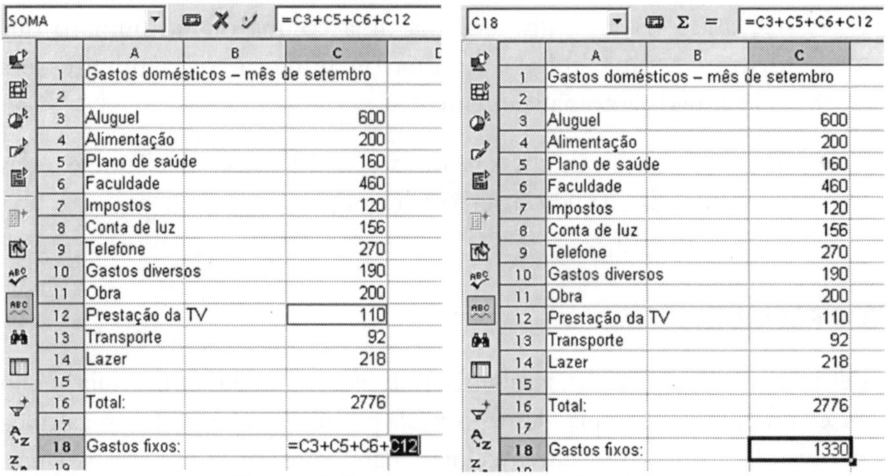

Figura 3.8: Exemplo do uso de uma fórmula.

- =T6-W9

A célula onde essa fórmula for digitada mostrará o resultado dos valores contidos nas células T6 e W9.

- =H15*G3

Mostra o resultado da multiplicação das células H15 e G3.

- =B12*30%

A célula que contiver essa fórmula mostrará o valor de 30% do número contido na célula D12.

- =D5+(B9-R14)

O uso de parênteses também é possível ao digitar uma fórmula. Nessa, o resultado da subtração dos valores das células B9 e R14 será somado ao valor da célula D5.

Não é necessário digitar as letras e números para indicar uma célula. Você pode digitar os sinais e clicar em seguida na célula desejada, que essa será acrescentada automaticamente à fórmula.

4 – Funções

Através do uso de funções, é possível simplificar alguns cálculos mais complexos. Isto é permitido com o uso das seguintes funções:

- *SOMA*

Através dessa função, pode-se abreviar uma soma onde as várias células a serem somadas estejam em seqüência. Por exemplo, a fórmula **=F2+F3+F4+F5+F6** pode ser escrita dessa forma: **=SOMA(F2:F6)**.

- *MÉDIA*

Essa função permite que a média entre os valores em seqüência seja mostrada. Em vez de digitar, por exemplo, a fórmula **=(A1+A2+A3+A4)/4**, essa função permite que, ao digitar **=MÉDIA(A1:A4)**, o mesmo resultado seja obtido.

- *MÁXIMO*

Ao digitar **=MÁXIMO(H6:H14)**, o maior valor entre as células desse grupo será exibido.

- *MÍNIMO*

A função **MÍNIMO** funciona como a anterior, mas exibe o menor valor contido nas células do grupo demarcado.

5 - Formatando sua tabela

O programa Calc oferece ao usuário várias possibilidades para formatação de uma tabela, tanto com objetivo funcional quanto para apenas melhorar o visual do trabalho.

Em primeiro lugar, pode-se alterar a largura de uma coluna. Isto pode ser bem útil para facilitar a visualização das células cujo conteúdo ultrapassa o seu tamanho. Há duas formas básicas de fazer essa alteração. A primeira se dá ao clicar em Formatar, Coluna, Largura. Uma janela se abrirá, onde deverá ser digitado o valor da medida que você deseja aplicar à coluna na qual ao menos uma célula esteja selecionada.

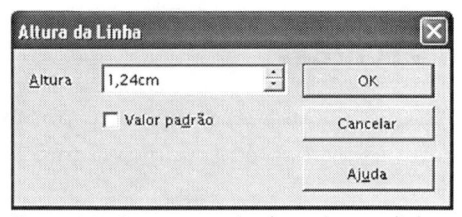

Figura 3.9: Formatação da altura de uma linha.

Pode-se também alterar o tamanho de uma coluna manualmente. Observe que, marcando os limites de cada coluna, há uma pequena linha entre as caixas cinzentas onde aparecem as letras correspondentes, no topo de cada coluna. Posicione o cursor do mouse no limite da caixa correspondente à coluna que se deseja alterar. Repare que a aparência do cursor se modificará, mostrando uma barra vertical com uma seta de duas pontas na diagonal. Essa seta mostra que é possível deslocar o cursor em

Figura 3.10: Linha 1 mais alta que as demais.

A planilha de cálculos Calc 79

qualquer um dos sentidos e, caso o botão do mouse esteja pressionado, o limite da coluna também será deslocado.

Com a mesma facilidade, é possível também alterar o tamanho de uma linha. Indo em Formatar, Linha, Altura, um novo valor para a medida da altura da linha selecionada poderá ser estabelecido, para mais ou para menos. Para que uma linha seja editada, não é necessário que esteja selecionada por completo, bastando que apenas uma das células da linha esteja selecionada. Você pode também alterar a altura de uma linha manualmente, da mesma forma que se altera a largura de uma coluna.

6 – Formatando células

Você pode, ainda, clicar com o botão direito do mouse sobre o número da linha ou a letra de uma coluna. Em ambos os casos, um menu de opções vai aparecer na tela, e a primeira opção é a *Formatar Células*. Clicando nessa opção, uma caixa irá se abrir, com as seguintes opções, dispostas como em um arquivo de fichas:

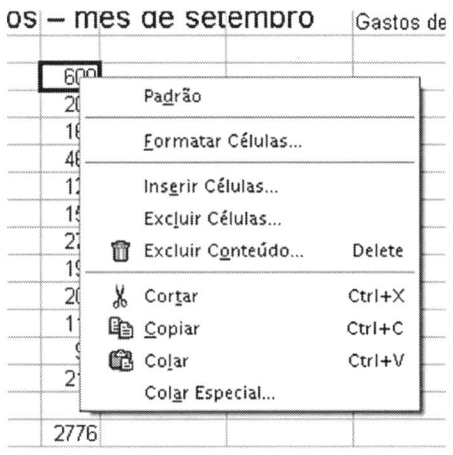

Figura 3.11: Menu exibido com um clique no botão direito do mouse.

Proteção de Célula

Essa opção funciona apenas quando a célula está protegida, através da opção Ferramentas, Proteger Documento, Planilha, através da qual você irá criar uma senha de proteção para o seu documento (ela será vista mais à frente, nesse mesmo capítulo). A ferramenta *Proteção de Célula* permite ocultar o conteúdo de uma ou mais células. Selecionando a opção *Ocultar tudo*, todas as células selecionadas são ocultadas, até que a senha seja digitada. Em *Ocultar durante a impressão*, as células selecionadas não aparecerão no papel quando o documento for impresso.

Números

Nessa janela, você poderá alterar a forma na qual os números serão exibidos em uma tabela. Em *Categoria*, selecione uma das opções disponíveis (*Número, Porcentagem, Moeda, Data...*). Os formatos disponíveis para cada uma dessas opções são mostrados na janela *Formato*, logo ao lado. Através

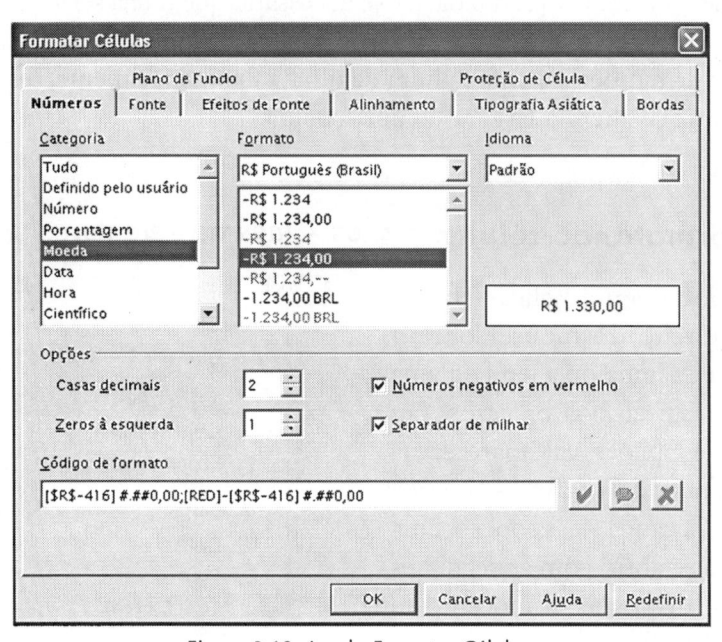

Figura 3.12: Janela Formatar Células.

dessas duas opções, pode-se, por exemplo, alterar a moeda padrão para os valores monetários exibidos de Real para Dólar. É possível, ainda, mudar a quantidade de valores decimais e zeros à esquerda a serem exibidos. Pode-se, também, optar por exibir os valores em números negativos na cor vermelha, clicando na opção *Números negativos em vermelho*. Por fim, todas as alterações feitas poderão ser vistas no quadro mostrado logo abaixo da opção Idioma.

	A	B	C
1	Gastos domésticos		– mês de set
2			
3	Aluguel		R$ 600,00
4	Alimentação		R$ 200,00
5	Plano de saúde		R$ 160,00
6	Faculdade		R$ 460,00
7	Impostos		R$ 120,00
8	Conta de luz		R$ 156,00
9	Telefone		R$ 270,00
10	Gastos diversos		R$ 190,00
11	Obra		R$ 200,00
12	Prestação da TV		R$ 110,00
13	Transporte		R$ 92,00
14	Lazer		R$ 218,00
15			
16	Total:		R$ 2.776,00
17			
18	Gastos fixos:		R$ 1.330,00

Figura 3.13: Células formatadas como Moeda.

Fonte

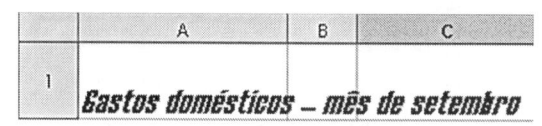

Figura 3.14: Exemplo de configuração de fonte.

Permite a formatação do texto contido nas células selecionadas, da mesma forma que é feito em um editor de textos. Em *Fonte*, escolha para o texto uma das fontes instaladas no seu computador. Em *Tipos de fonte*, você pode colocar caracteres em itálico ou em negrito e, em *Tamanho*, pode alterar o tamanho dos caracteres.

Efeitos de fonte

São oferecidos, ainda, os efeitos *Sublinhado, Tachado,* e *Relevo*, que podem ser visualizados no quadro logo abaixo. Em *Cor da fonte*, a cor dos caracteres pode também ser alterada.

Alinhamento

Possibilita o alinhamento tanto horizontal quanto vertical do texto em relação ao espaço da célula. Dessa forma, você pode alinhar à esquerda ou à direita, centralizar (horizontal ou verticalmente), justificar e alinhar em cima ou em baixo. Em *Direção do texto*, é possível digitar valores de inclinação do texto em graus. Pode-se, também, digitar valores para a margem do texto em relação aos limites da célula.

Bordas

É possível destacar uma ou mais células, aplicando efeitos ao seu contorno. Em *Disposição de linhas*, você escolhe uma das opções referentes às margens que serão alteradas. Em *Linha*, são

Figura 3.15: Células centralizadas.

dadas duas opções: *Estilo* (onde você pode aumentar a espessura e mudar a consistência da linha de contorno) e *Cor* (aplica a cor escolhida à linha de contorno da célula selecionada). É possível, também, aplicar um efeito de sombra por trás de uma célula e até escolher a cor dessa sombra.

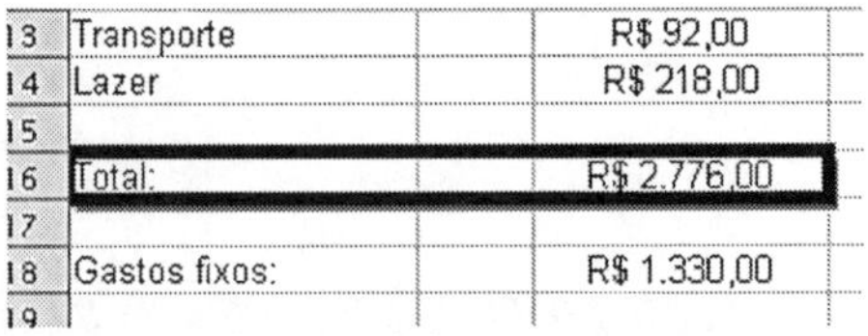

Figura 3.16: Células com contorno.

Plano de fundo

Mostra uma tabela de cores, e você pode escolher cada uma dessas para preencher toda a parte interna das células em questão.

O menu que se abre com o clique do botão direito do mouse, quando pressionado sobre a letra no topo de uma coluna ou no número ao lado de cada linha, oferece ainda as seguintes opções:

Largura da Coluna ou Altura

Permite a digitação de novas medidas para a largura de uma coluna ou para a altura de uma linha, para mais ou para menos.

Largura Ótima da Coluna ou Altura Ótima da Linha

Através dessas opções, é possível determinar as medidas para a linha e para a coluna. A diferença dessas opções para as do tópico anterior é que aqui elas se adaptam ao conteúdo, exibindo-os por completo, sem cortá-los.

Inserir Linhas ou *Inserir Colunas*
Excluir Linhas ou *Excluir Colunas*

Permite que sejam acrescentadas novas linhas ou colunas ou que a coluna ou linha selecionada seja excluída. Caso o menu seja visualizado a partir do clique em uma das letras que denominam as colunas, as opções disponíveis serão *Inserir Colunas* e *Excluir Colunas*. Porém, se o clique for dado em um dos números que nomeiam as linhas, as opções oferecidas serão *Inserir Linhas* e *Excluir Linhas*.

Excluir Conteúdo

Exclui todos os dados digitados nas células da coluna ou linha selecionada.

Ocultar

Permite que a visualização de uma linha ou célula seja ocultada. O objeto ocultado não será mais visto, mas o seu conteúdo permanecerá intacto.

Mostrar

Ao clicar nessa opção, as células ou linhas ocultas voltarão a ser exibidas na planilha.

Os textos contidos em uma célula podem ser formatados através das ferramentas disponíveis na Barra de Objetos. Essas ferramentas são as mesmas explicadas há algumas linhas, quando a caixa *Fonte* foi comentada. Você ainda dispõe das ferramentas *Verificação Ortográfica*, *Dicionário de Sinônimos* e *AutoCorreção*, que funcionam da mesma forma como foi explicado no capítulo correspondente ao Writer.

7 – As demais ferramentas

A partir de agora, as principais ferramentas serão comentadas, tendo como ponto de partida as barras e os menus em que estiverem inseridas. Várias ferramentas são repetições de ferramentas contidas também nos programas que já foram comentados nesse livro. Essas não serão explicadas novamente aqui ou serão, no máximo, citadas rapidamente.

Menu Arquivo

- *Visualizar página*

A tela principal se modifica e a tabela será melhor visualizada, exibida da maneira como irá aparecer ao ser impressa em uma folha de papel. São mostrados, na barra de objetos, botões que permitem o avanço e o recuo entre as várias páginas de uma planilha. Clicando em *Formato da Página*, uma janela é aberta, onde são oferecidas várias opções de configuração que irão facilitar a impressão da planilha. Clicando em *Fechar Visualização*, a tela principal volta a ser exibida na tela do monitor.

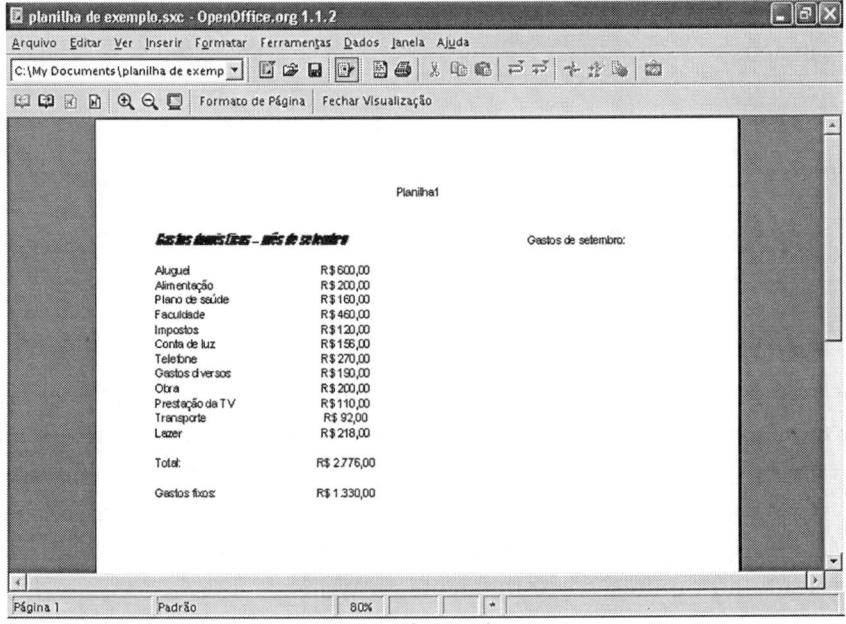

Figura 3.17: Janela Visualizar Página.

Menu Editar

- *Cabeçalhos e Rodapés*

Permite que sejam acrescentados textos no rodapé ou no cabeçalho de cada página. Pode-se também acrescentar campos predefinidos, como data, número da página ou nome do arquivo. Estes serão vistos apenas quando o arquivo for impresso ou exibido pela opção Arquivo, Visualizar página.

- *Excluir Conteúdo*

Exclui o conteúdo das células selecionadas.

- *Excluir Células*

Exclui as células selecionadas.

- *Planilha, Mover / Copiar*

Permite que uma ou mais páginas de uma planilha sejam movidas à planilha de um outro arquivo.

- *Excluir Quebra Manual*

Remove a quebra de linha ou de coluna inserida a partir do comando *Inserir, Quebra Manual*.

Menu Ver

- *Zoom*

Uma janela se abre, oferecendo várias porcentagens de visualização do documento.

86 Desvendando e Dominando o OpenOffice.org

Figura 3.18: Tabela visualizada com zoom de 200%.

- *Cabeçalhos de Linhas e Colunas*

Caso essa opção não esteja marcada, não será possível ver as letras que denominam as colunas, nem os números que marcam as linhas. Para ativar ou desativar essa opção, basta um clique sobre ela.

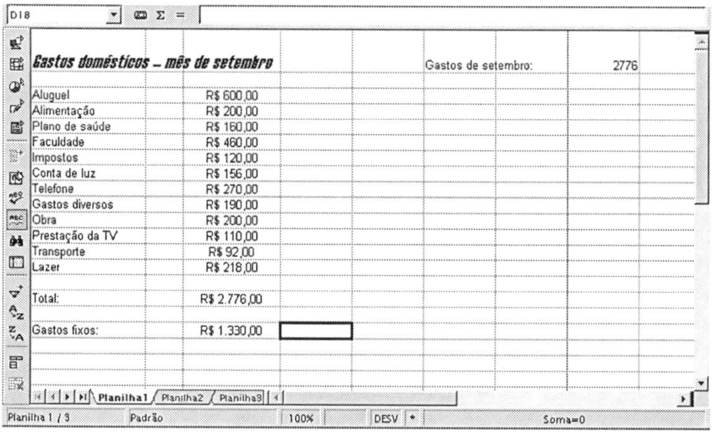

Figura 3.19: Cabeçalhos ocultos.

- *Realce de Valores*

Marcando essa opção, as células cujo conteúdo são valores numéricos terão esse conteúdo realçado pela cor azul.

Menu Inserir

- *Quebra Manual*

Permite que sejam acrescentadas quebras de linha ou quebras de coluna, que são linhas horizontais ou verticais que separam uma linha ou uma coluna das demais. Essa linha será visível na impressão da sua planilha.

- *Células*
  Linhas

Acrescenta mais uma célula ou linha a partir do ponto selecionado.

- *Planilha*

Inclui uma nova planilha em branco no documento ou acrescenta a nova planilha inserindo um documento já existente.

- *Caractere Especial*

Permite o acréscimo de caracteres que não aparecem no teclado tradicional.

- *Figura*

Permite que um arquivo de imagem seja anexado à planilha.

- *Gráfico*

    Selecione as células com os valores a serem expostos no gráfico. Feito isso, clique na opção Inserir, Gráfico e a janela *AutoFormatação de Gráfico* vai aparecer na tela.

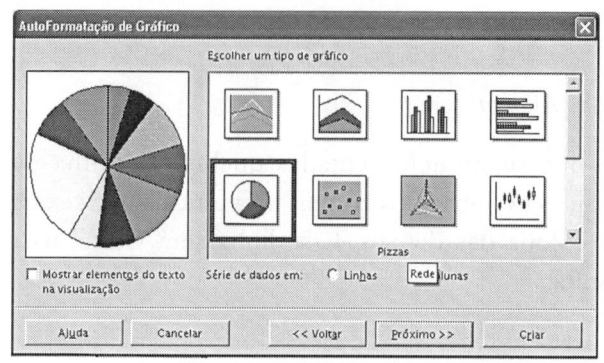

    Figura 3.20: Janela AutoFormatação de Gráfico.

    Clicando em *Próximo*, você poderá escolher o visual a ser aplicado ao gráfico entre as opções oferecidas. Clique novamente em *Próximo* e surgirá a janela seguinte. Nessa, deve-se optar por uma variante do gráfico escolhido na janela anterior. Ao clicar-se mais uma vez em *Próximo*, deve-se dar um título ao gráfico, entre outras coisas mais.

    Clique em *Criar* e o gráfico aparecerá sobre a tabela. Durante esse processo, uma prévia do resultado do gráfico a ser criado aparecerá no quadro à esquerda de cada janela.

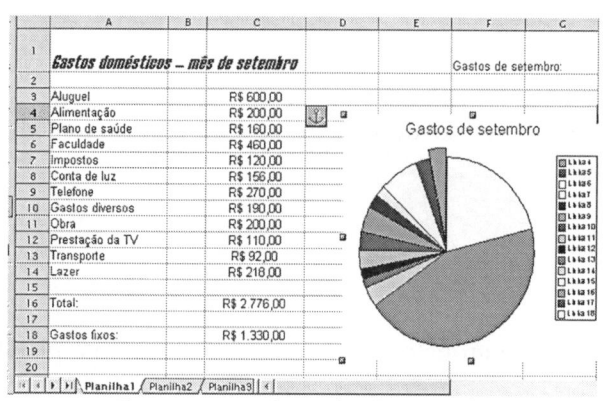

    Figura 3.21: Gráfico aplicado na tabela.

Menu Formatar

- *Mesclar Células*

    As células selecionadas são unidas, transformando-se em uma única célula.

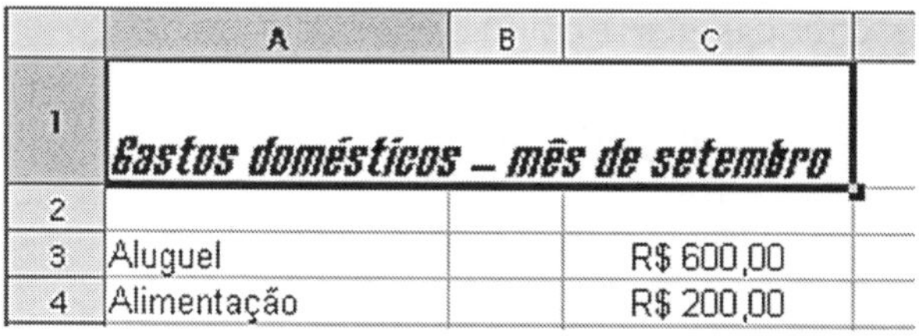

    Figura 3.22: Células mescladas.

Menu Ferramentas

- *Atingir Metas*

    Abre um diálogo onde você pode resolver uma equação com uma variável. Depois de uma bem sucedida pesquisa, é aberto um diálogo com resultados, permitindo que você aplique o resultado e o valor alvo diretamente na célula. Na opção *Célula de Fórmula*, você deve digitar a referência da célula que contém a fórmula. Ela contém a atual referência da célula. Clique em outra célula na planilha para aplicar sua referência para a caixa de texto. Em *Valor de Destino*, especifique o valor que você queira alcançar como um novo resultado. Já em *Célula Variável*, deve-se especificar a referência para a célula que contém o valor que você quer ajustar na disposição que atinja seu alvo.

- *Proteger Documento*

    Por essa opção, você digita uma senha que será atribuída ao seu documento. A partir de então, para alterar seu conteúdo, é necessário digitar novamente a senha.

- *Conteúdo da célula*

    Abre um submenu com novas opções. Ao clicar em *Recalcular*, a planilha atual é recalculada. Use esse comando para atualizar todos os cálculos no documento se você tem desativado a opção *AutoCalcular*. Essa opção, por sua vez, recalcula automaticamente todas as fórmulas no documento. A opção *Auto-Inserir* completa automaticamente as entradas, baseada em outras entradas nessa coluna.

Menu Dados

- *Ordenar*

    Possibilita a alteração quanto à ordem na qual as colunas serão visualizadas.

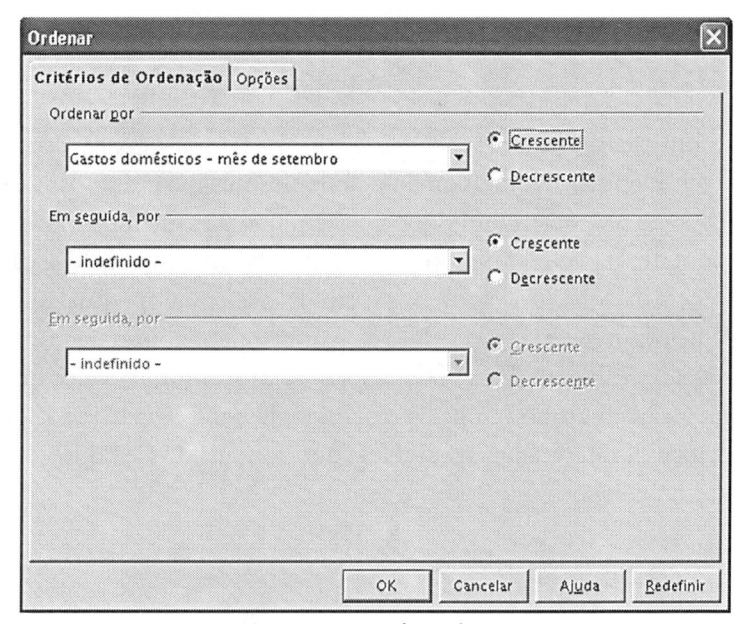

Figura 3.23: Janela Ordenar.

- *Filtro*

    Através da opção *Filtro*, você pode estabelecer critérios para os dados que serão visualizados ou ocultos.

- *Subtotais*

    Calcula o subtotal para as colunas que você selecionou.

- *Validade*

    Define quais dados são válidos para a célula ou intervalo de células selecionada. A caixa *Validação* será aberta, com diversas opções. Em *Critérios*, especifique as regras de validação para a(s) célula(s) selecionada(s). Na opção *Ajuda na Entrada*, digite a mensagem que você quer mostrar quando a célula ou o conjunto de células é selecionado na planilha. Na opção *Alerta de Erro,* defina a mensagem de erro que será mostrada quando dados inválidos são colocados numa célula.

8 – Salvando suas tabelas

Como a maioria dos programas do pacote OpenOffice, o Calc é compatível com o seu similar da Microsoft, o Excel. Dessa forma, você poderá salvar um arquivo tanto no formato *OpenOffice.org 1.0 Spreadsheet* quanto no formato *Excel 97/2000/XP*. O primeiro modo irá gerar um arquivo com extensão .sxc e o segundo um arquivo com extensão .xls. A vantagem desse segundo formato é que, além desse ser compatível com outros programas, o arquivo gerado com essa extensão ocupa menos espaço em disco.

Para salvar o seu arquivo, basta clicar em Arquivo, Salvar.

Capítulo 4

O editor de gráficos vetoriais Draw

Se o OpenOffice por si só já é um presente de pai para filho aos usuários, o Draw vem ainda como uma surpresa final. Isso porque um programa desse tipo é um verdadeiro luxo quando incluído em um pacote Office, pois nem o poderoso Microsoft Office traz qualquer programa para a criação de desenhos vetoriais. Um ponto indiscutível a favor do OpenOffice, até mesmo porque o Draw é realmente um ótimo programa, dentro de seus objetivos.

Pois que ninguém se empolgue achando que, além de substituir o Microsoft Office por um similar gratuito, vai agora poder fazer o mesmo em relação ao CorelDraw. As interfaces entre os dois programa são bem similares, e quem já usou o Corel não vai ter qualquer dificuldade aqui. Mas o Draw é um programa bem mais simples, ideal para aqueles usuários que, a despeito de recursos avançadíssimos, usam programas similares apenas para o trivial, como criar um cartão de visitas ou um cartaz simples.

O Draw é um editor de imagens e gráficos vetoriais. Trata-se de um formato de imagem diferente do usado por programas como Photoshop e por câmeras digitais.

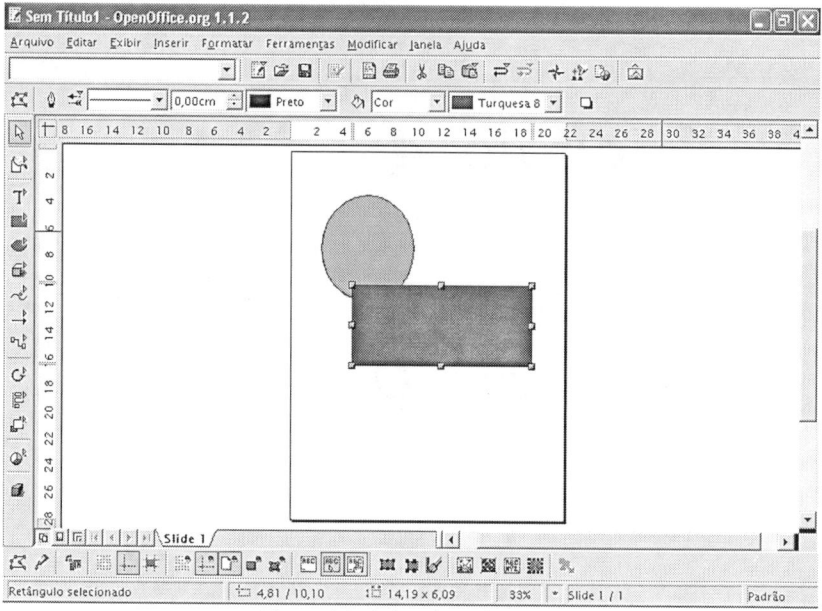

Figura 4.1: A interface do Draw.

As imagens vetoriais são formadas matematicamente pelo computador, como uma série de pontos unidos por linhas. Cada elemento gráfico que compõe uma imagem vetorial é chamado de objeto. Cada um dos objetos de uma imagem é independente dos outros, possuindo sua própria configuração (cor, tamanho, forma, traçado...). Dessa forma, um desenho vetorial tem como ponto de partida figuras geométricas que se completam. Assim, cada parte de um desenho pode ser manipulado individualmente.

FIQUE ATENTO!

Os desenhos formados de vetores não possuem resolução, como nas imagens em bitmap. Podem ser ampliados várias vezes sem que haja perda de qualidade gráfica. Por sua vez, uma foto ou um desenho digitalizado por um scanner são bons exemplos de imagens bitmap. Ao contrário das imagens vetoriais, esse tipo de gráfico é composto por vários pontinhos minúsculos (como na tela de uma televisão). A quantidade desses pontos é no que consiste a resolução da imagem. Quanto mais pontos, maior a resolução e maior a qualidade da imagem. Quando a resolução é baixa, a imagem perde muito em qualidade.

O editor de gráficos vetoriais Draw 95

1 – Conhecendo a interface do programa

Assim que o Draw for iniciado, você vai ver uma tela branca, com um retângulo com sombra no centro. O que é isso? Simples: veja essa tela como se fosse a sua escrivaninha. O retângulo no centro é a sua folha de papel e o restante da área é o restante da mesa. Apenas os objetos que estão localizados sobre a folha de papel serão impressos. Qualquer outro elemento que esteja fora dessa área não irá aparecer após a impressão. Você pode se aproveitar disso, deixando à mão objetos e ferramentas que serão usados posteriormente.

Figura 4.2: Área da tela que simula uma folha de papel.

Ao redor da sua prancheta existem algumas barras com as ferramentas e opções disponíveis.

Na parte de cima, você tem, a princípio, uma barra igual à de qualquer outro programa. As opções contidas nos menus *Arquivo, Editar, Ver, Inserir, Formatar...* serão explicadas mais à frente.

Figura 4.3: Barras de ferramentas localizadas no topo da tela.

Logo abaixo, está a Barra de Funções. Nesta, estão atalhos para as operações mais básicas de um programa. Muitas dessas opções já constam na barra de cima, mas as opções são apresentadas de forma visual, o que agiliza e facilita a escolha da operação. Caso essa barra não esteja aparecendo na tela, vá à opção Exibir, Barra de Ferramentas e clique em Barra de Funções.

Imediatamente abaixo da Barra de Funções, há a Barra de Objetos que, com certeza, vai adiantar muito o seu trabalho e facilitar bastante as coisas para você. Essa barra visa a facilitar o seu trabalho durante a criação de seu trabalho, pois os botões oferecidos por ela mudam de acordo com a tarefa que está sendo desempenhada e com os tipos de objeto selecionados.

Para cada ocasião, ela oferece as ferramentas adequadas, que podem ser utilizadas para complementar o seu trabalho naquele momento.

Por exemplo, quando você seleciona um texto, a Barra de Objetos mostra todos os principais comandos relativos à edição de textos. Se clicar em uma outra ferramenta, a barra será alterada novamente, adaptando-se às opções dessa nova ferramenta.

Quando nenhuma ferramenta está selecionada, as ferramentas exibidas são correspondentes à configuração de um objeto vetorial, como cores e contorno. Cada objeto, ao ser criado, terá automaticamente as configurações de contorno e preenchimento exibidos nessa ocasião. Caso você queira que todo objeto novo, ao ser criado, seja da cor branca, por exemplo, basta selecionar essa cor na opção *Estilo de Área/Preenchimento*. Essas opções iniciais da barra de objetos podem ser acionadas a qualquer momento, mesmo com alguma outra ferramenta selecionada. Quando essa barra se altera, exibe um botão com uma pequena seta, em seu canto direito. Ao clicá-lo, a exibição inicial é acionada.

Caso essa barra não apareça na sua tela, basta clicar em Exibir, Barra de Ferramentas, Barra de Objetos.

> **FIQUE ATENTO!**
>
> *Para os usuários de CorelDraw, uma barra que certamente estará fazendo falta é a barra de cores, que facilita em muito a escolha e a seleção das cores de preenchimento e contorno dos objetos. Essa barra existe no Draw, ela só não é exibida por padrão. Mas você pode mudar isso facilmente, clicando em Exibir, Barra de Ferramentas, Barra de Cores. Essa barra será, então, exibida na base da tela. Sua exibição é algo prático, mas não exatamente fundamental. Isso porque a própria barra de objetos já oferece o botão* Estilo de Área/Preenchimento, *que tem a mesma finalidade.*

O editor de gráficos vetoriais Draw 97

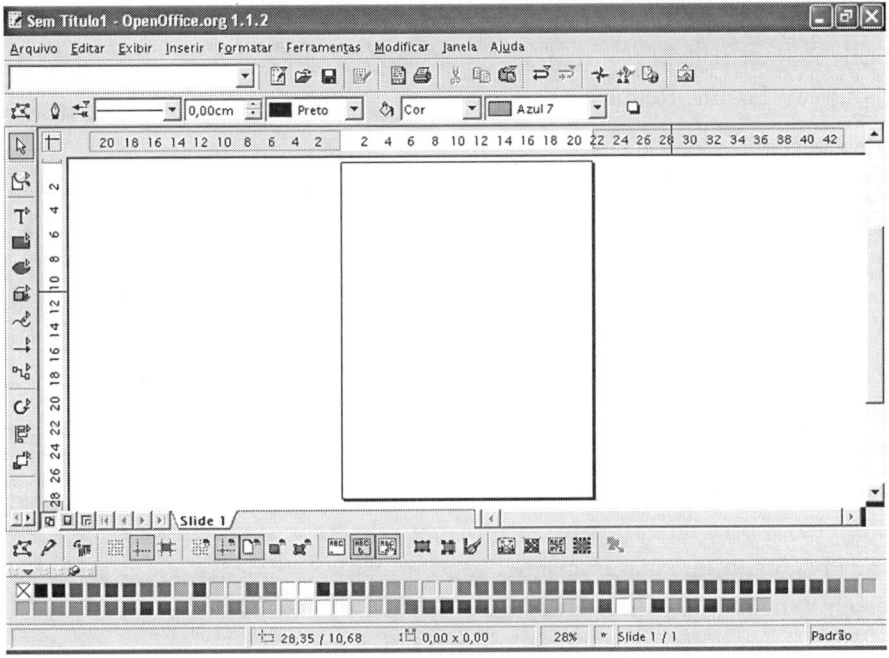

Figura 4.4: Barra de cores na base da tela.

As réguas horizontal e vertical auxiliam na criação de gráficos, de forma que a organização e a distribuição dos elementos possam ser mais eficientes.

A unidade de medida exibida nas réguas pode ser alterada, clicando sobre essas com o botão direito do mouse. Você terá várias opções (metro, ponto, polegada, milhas, entre outras) e poderá escolher a mais apropriada aos seus trabalhos apenas selecionando a escolhida com um clique.

É possível ver, também, que as réguas horizontal e vertical apresentam uma área em branco e uma área cinzenta. A área em branco corresponde ao limite da margem exibida na sua página. Você pode aumentar ou diminuir essa margem, posicionando o cursor sobre o limite entre as partes branca e cinza da régua. O cursor se modificará, tornando-se uma seta com duas pontas. Bastará, então, mover o cursor com o botão do mouse pressionado para a direção desejada.

Como as barras de ferramentas comentadas anteriormente, podem-se visualizar (ou não) as réguas no documento, clicando na opção Exibir, Réguas.

Do lado esquerdo da tela, temos a Barra de Ferramentas Principal. Aí estão as principais ferramentas, como *Retângulo*, *Elipse*, *Objetos 3D*, entre outras. Essas ferramentas serão explicadas com mais detalhes adiante.

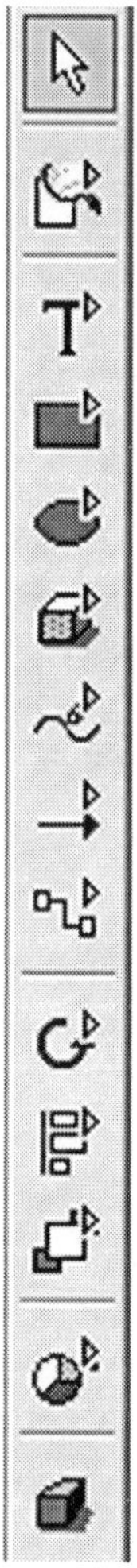

Na base inferior, acima da paleta de cores (caso essa esteja sendo exibida), consta o número da página do seu documento (aqui, chamadas de *slides*, talvez em função do programa Impress). Um arquivo do Draw pode ter várias páginas. E, se esse for impresso, cada página será impressa em uma folha de papel diferente. Mais à direita, o programa mostra, no formato de guias, o número de cada página, nomeadas inicialmente como Slide 1, Slide 2 e assim progressivamente. Clicando na guia de cada página, essa passa à evidência no vídeo. Clicando a mesma guia com o botão direito do mouse, você tem mais algumas opções:

Renomear Slide

Permite criar um novo nome para a página em questão.

Inserir Slide

Figura 4.5: Barra de Ferramentas Principal.

Cria uma nova página após a página em questão.

Excluir Slide

Elimina a página em questão do documento.

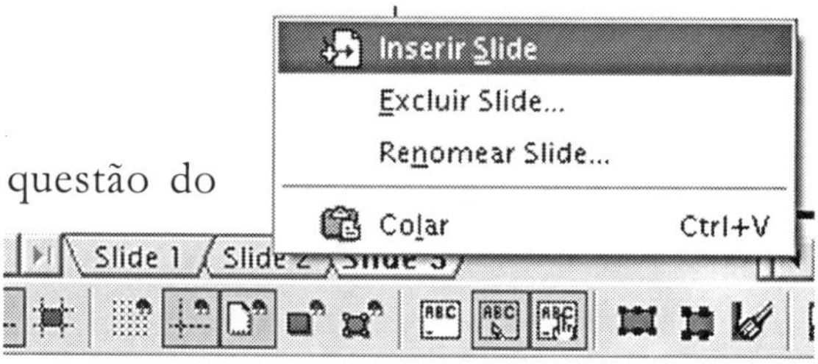

Figura 4.6: Opção Inserir Slide.

2 – Selecionando objetos

Um objeto no Draw só pode ser editado quando selecionado antes. Há várias formas de selecionar um objeto.

- Posicionando o cursor sobre a figura desejada e apertando o botão esquerdo do mouse.

- Envolvendo o objeto com o cursor, apertando o botão esquerdo em um ponto acima do objeto e "desenhando" um quadrado à sua volta, fazendo um movimento na diagonal com o botão esquerdo do mouse pressionado.

- Selecionando a opção Editar, Selecionar Tudo. Dessa forma, você pode selecionar todos os objetos, todos os textos ou todas as linhas-guia.

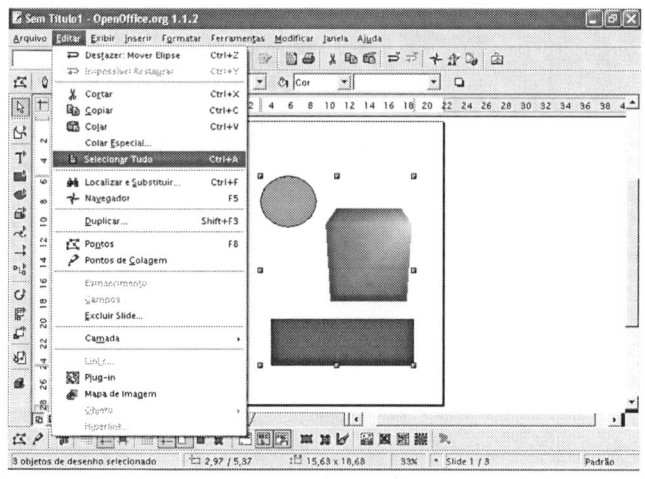

Figura 4.7: Opção Editar, Selecionar Tudo.

- Quando você seleciona um objeto estando um outro já selecionado, este último perde a seleção e dá a vez ao outro. Para que vários objetos específicos sejam selecionados ao mesmo tempo, basta selecionar cada um mantendo a tecla **Shift** pressionada.

3 – Alterando e movendo objetos

Quando um objeto é selecionado, ele é rodeado por oito quadrinhos verdes. É através desses quadrinhos que você vai esticar, encolher, aumentar ou diminuir uma figura. Experimente um dos quadrinhos da diagonal. Pressione o cursor sobre ele e mova-o para dentro ou para fora, na diagonal. Pois é, o objeto vai crescer ou encolher, nesse sentido.

Figura 4.8: Objeto selecionado.

Para manter a proporção original, modifique o tamanho do objeto com a tecla **Shift** pressionada. E os quadrinhos restantes? Arrastando os quadrinhos da esquerda, da direita, de cima ou de baixo, você estará encolhendo ou esticando o objeto. Ele não vai mais manter a proporção original.

Selecionando um objeto e mantendo o botão do mouse pressionado, você pode movê-lo para qualquer ponto. Observe também que, quando um objeto é selecionado, a sua dimensão é marcada nas réguas horizontal e vertical por dois pequenos marcadores. Se estes forem movidos, o objeto é redimensionado automaticamente, acompanhando sua posição. Esse método pode ser muito eficaz, caso o usuário queira criar uma forma com medidas precisas.

4 – Excluindo objetos

Para excluir um objeto, basta mantê-lo selecionado e apertar o botão **Del** no teclado. Caso você se arrependa de uma alteração ou de uma exclusão, pode ir em Editar, Desfazer. A cada vez que você acionar essa opção, a última ação será desfeita. O comando Desfazer pode ser usado por várias vezes consecutivas, permitindo que você desfaça várias ações.

5 – Aplicando cores a um objeto

Na Barra de Objetos, o botão *Área* abre uma janela de configuração ao ser clicado. Nessa janela, há sete opções disponíveis, visualizadas como um fichário. Elas são:

Área – Você pode configurar o preenchimento do objeto selecionado como:

- *Nenhum* (transparente);

- *Cor* (uma lista com as cores da paleta de cores é exibida, com seus nomes correspondentes);

- *Gradiente* (uma lista de modelos de degradê entre duas cores é oferecida e, clicando em *Incremento*, você pode, ainda, alterar os níveis de transformação de uma imagem a outra);

- *Hachurado* (oferece vários tipos de tracejado, semelhantes a hachuras, que você pode aplicar como preenchimento);

- *Bitmap* (oferece uma lista de texturas que você pode aplicar como preenchimento).

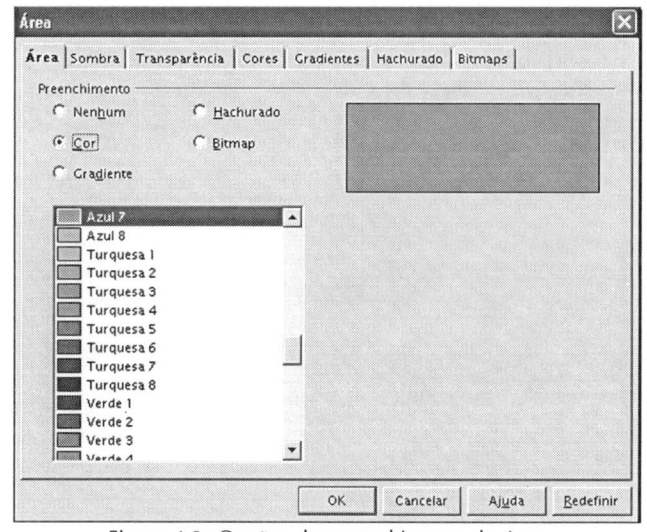

Figura 4.9: Opções de preenchimento de área.

Sombra – Tem função semelhante ao botão *Sombrear*, disponível na barra de objetos. Mas, por aqui, você poderá, ainda, configurar a cor, o tamanho e a transparência da sombra a ser aplicada no objeto selecionado.

Transparência – Permite a aplicação e edição de um efeito gradual de transparência no objeto em questão.

Cores – A paleta de cores é novamente mostrada e você poderá personalizar as cores disponíveis, podendo, inclusive, salvar as alterações feitas. Você pode, ainda, transformar as cores em padrão RGB ou CMYK.

Gradientes – Novamente, você tem acesso a exemplos de degradê que podem ser aplicados ao seu objeto. Entretanto, nessa janela, você dispõe de mais opções para configurar as cores e o efeito em si.

Hachurado – Permite que você configure com mais recursos a aplicação de tracejados como preenchimento do seu objeto. Você pode alterar, entre outras coisas, a cor dos traços e a sua inclinação.

Bitmaps – Permite a criação e a importação de novas texturas.

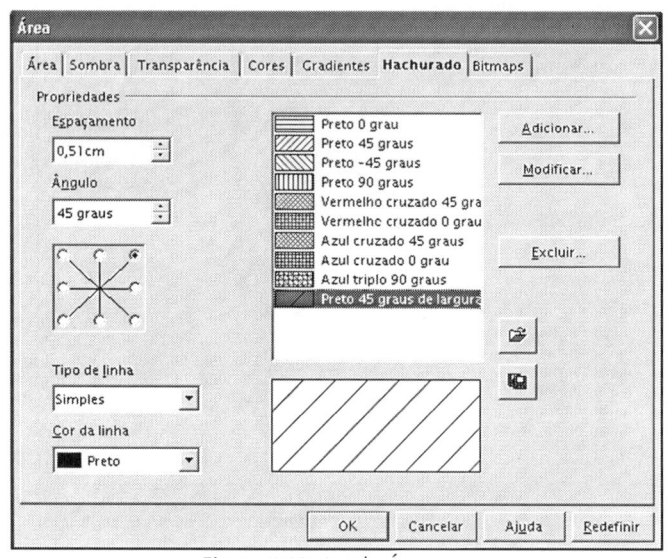

Figura 4.10: Janela Área.

Ao lado do botão *Área*, há duas opções diferentes, ambas nomeadas como *Estilo de Área / Preenchimento*. Na primeira, onde se lê inicialmente a palavra *Cor*, é possível abrir um menu de opções com um clique. Esse menu oferece uma forma mais simples de selecionar as opções *Invisível*, *Cor*, *Gradiente*, *Hachurado* e *Bitmap*. Já a opção ao lado, quando clicada, abre um menu oferecendo diversas opções de cores. Basta um clique sobre a opção desejada para que essa seja aplicada ao objeto selecionado. Caso não haja nenhum objeto selecionado, a cor escolhida passará a ser a cor padrão, e será aplicada automaticamente aos novos objetos criados.

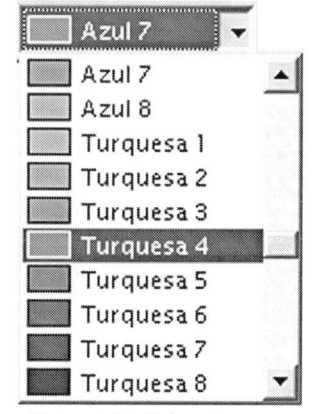

Figura 4.11: Paleta de cores.

Essa tarefa pode ser feita também de outra forma, caso a Paleta de Cores esteja ativada. Nesta, clique sobre uma das cores e essa será aplicada automaticamente ao objeto selecionado.

Clicando-se no botão (ainda na Paleta de Cores) marcado por um X, a figura selecionada passa a não ter cor de preenchimento (ou de contorno, caso seja usado o botão direito do mouse). Uma figura sem cor é vista como algo transparente e qualquer objeto posicionado atrás dessa pode ser visto.

Pode ser que você tenha certa dificuldade em selecionar um objeto sem cor. Para isso, você deve clicar exatamente sobre sua linha de contorno.

6 – Editando a linha de contorno de um objeto

Da mesma forma que o usuário pode configurar a cor do preenchimento de um objeto, é possível também alterar a linha de contorno que o envolve.

Na Barra de Objetos, há algumas opções de configuração da linha de contorno:

Estilo de Linha

Permite alterar a linha de contorno entre linha contínua, linha tracejada ou linha pontilhada.

Largura da Linha

Aumentando ou reduzindo o valor inicial, a linha torna-se mais fina ou mais espessa.

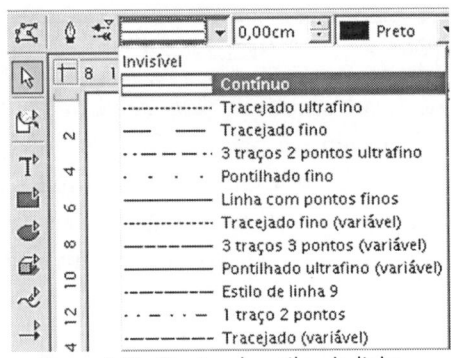

Figura 4.12: Opções de estilos de linha.

Cor da Linha

Por essa opção, é possível alterar a cor da linha de contorno.

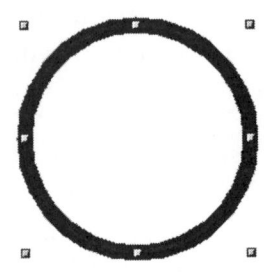

Figura 4.13: Círculo com contorno de 0,50 cm.

Caso a Paleta de Cores esteja ativada, também é possível mudar a cor do contorno através dela: basta clicar em uma cor da paleta com o botão direito do mouse.

7 – Opções da Barra de Ferramentas Principal

A Barra de Ferramentas Principal, localizada à esquerda da tela, traz as principais ferramentas para a criação do seu trabalho. Vários dos botões contidos na Barra de Ferramentas Principal contêm uma pequena seta verde no lado direito. Isto quer dizer que outras opções ocultas podem ser acessadas. Para isso, clique na ferramenta com o cursor, mantendo o botão esquerdo do mouse pressionado por alguns instantes. Um menu de opções será exibido e você deverá apenas escolher qual das alternativas está mais de acordo com a sua necessidade.

Seguindo de cima para baixo, as opções da Barra de Ferramentas Principal são:

Selecionar

É simplesmente a seta do cursor. Se você selecionar por engano uma outra ferramenta, como a de texto, por exemplo, e quiser desativá-la, basta optar pela ferramenta seleção.

Zoom

Através dessa ferramenta, que se assemelha a uma lupa, qualquer ponto da tela pode ser aproximado ou afastado. Abrindo o menu de opções, você tem vários recursos para uma visualização mais precisa. Essa ferramenta altera apenas a visualização na tela, não tendo efeito algum na impressão ou na configuração do documento.

Texto

Como o nome diz, é usada para a criação de textos. Sua utilização é descrita com detalhes mais à frente.

Retângulo

Clicando-se em um ponto e arrastando o cursor na diagonal, com o botão esquerdo do mouse pressionado, essa ferramenta cria um retângulo automaticamente. Pressionando-se a tecla **Shift** durante a operação, essa ferramenta vai criar um quadrado perfeito. Se preferir, você pode ainda abrir o menu de opções dessa ferramenta e escolher a opção *Quadrado*. Dentre essas opções, pode também criar um quadrado ou retângulo com as pontas curvas ou, ainda, sem preenchimento.

Elipse

Funciona da mesma forma que a ferramenta descrita anteriormente. Com a tecla **Shift**, faça um círculo perfeito ou, então, escolha a opção *Círculo*, no menu de opções. Nesse menu, você tem várias outras possibilidades de criação, como setor de círculo, segmento de círculo ou arco. Sem falar da criação de formas sem preenchimento, que funciona da mesma forma que a criação de retângulos sem preenchimento.

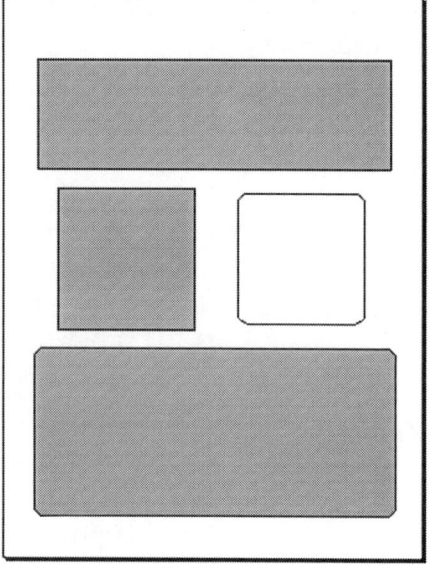

Figura 4.14: Formas criadas a partir das opções da ferramenta Retângulo.

Objetos 3D

Com essa ferramenta, você tem a chance de criar formas fantásticas, que podem enriquecer muito o seu trabalho. A princípio, a forma mostrada no ícone da ferramenta é um cubo, mas você pode, acionando o menu de opções (lembrando só mais uma vez: isto se dá clicando na ferramenta e mantendo o botão esquerdo do mouse pressionado por um tempo, o que vale para os ícones que têm uma pequena seta verde à direita), escolher outras formas. Assim,

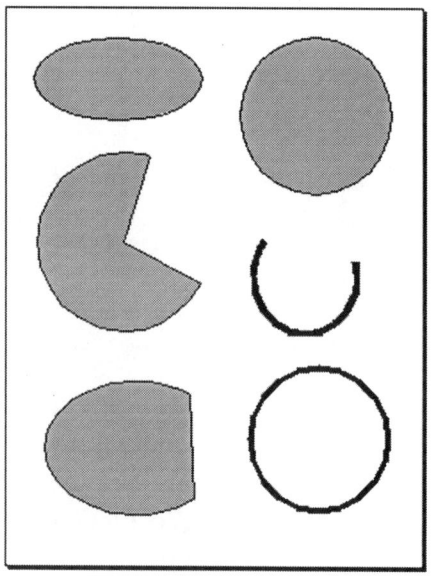

Figura 4.15: Formas criadas a partir das opções da ferramenta Elipse.

outras formas estarão disponíveis e você poderá escolher qual delas mais lhe agrada.

Selecione a forma desejada e crie-a na sua página, do mesmo modo que foi feito com as formas descritas anteriormente. Você verá, então, um objeto que pode realmente ser visto como algo em três dimensões. Essa ilusão é criada em virtude do degradê aplicado à cor de preenchimento e à sombra também aplicada. Você poderá, como foi feito antes, girar e deslocar essa forma normalmente.

Figura 4.16: Painel Objetos 3D.

Mas agora é que vem o interessante: o seu objeto 3D está selecionado? Pois clique sobre esse, mais uma vez. Fazendo isso, você verá que os quadrinhos verdes que envolvem a imagem serão trocados por pequenos marcadores vermelhos. Esses marcadores servem para que você gire a imagem na vertical, na horizontal ou na diagonal. Entretanto, você não estará girando uma imagem chapada: esse giro também é em 3D! Você poderá, assim, visualizar essa imagem por cima, ver a sua base ou mesmo colocá-la de perfil! Aqui está uma dica: se quiser criar uma forma só como teste, para constatar o que está sendo dito aqui, não escolha a forma *Esfera*, pois você não verá muita diferença ao girá-la, dado o seu formato...

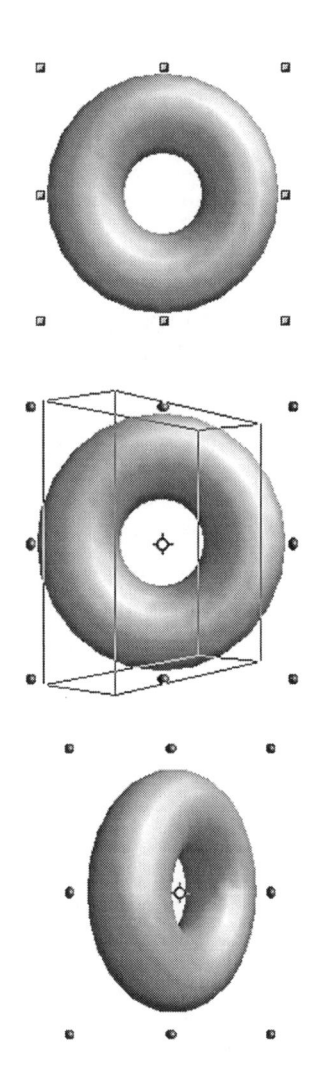

Figura 4.17: Rotação de objeto 3D.

Curva

Essa ferramenta também oferece um menu de opções que variam bastante quanto à forma de uso. Portanto, é melhor que cada forma seja explicada:

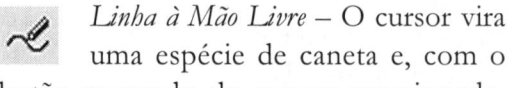

Linha à Mão Livre – O cursor vira uma espécie de caneta e, com o botão esquerdo do mouse pressionado, você pode fazer desenhos livres no seu documento. Depois de pronta, a "linha" será reconhecida como um objeto normal.

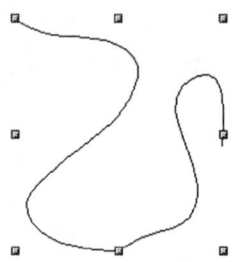

Figura 4.18: Linha À Mão Livre.

Linha à Mão Livre, preenchida – Funciona da mesma forma, mas, ao final da criação, um traço reto ligará uma ponta à outra da linha, fechando-a e aplicando-lhe uma cor de preenchimento.

Figura 4.19: Linha À Mão Livre, preenchida.

Curva e *Curva, preenchida* – Ao clicar em um ponto da página, deslocando o cursor com o botão esquerdo do mouse pressionado, uma reta é traçada. Essa reta pode transformar-se em uma curva, dependendo apenas da direção em que você move o cursor. Ao chegar no ponto desejado, dando um clique no mouse, uma nova "reta/curva" é iniciada. Para finalizar o trabalho de criação, é necessário dar dois cliques no botão esquerdo do mouse.

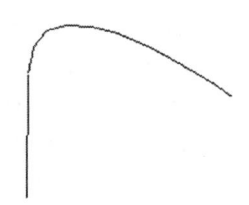

Figura 4.20: Curva.

Polígono e *Polígono, preenchido* – Funciona como a opção anterior, mas trabalha apenas com linhas retas.

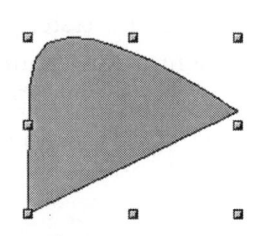

Figura 4.21: Curva, preenchida.

Polígono (45°) e *Polígono (45°), preenchido* — Também funciona conforme as duas opções anteriores, mas permite apenas a criação de retas com inclinação múltipla de 45°.

Linhas e Setas

Você pode escolher, no menu de opções, vários tipos de linhas simples ou linhas com setas em suas pontas. Escolhido o seu tipo, você deverá clicar no ponto de origem da linha e deslocar o cursor, com o botão esquerdo pressionado, até o ponto de destino. Depois de criada a sua linha, você poderá, ainda, modificar os seus pontos de origem e de destino, movendo-os por meio de dois quadrinhos azulados que aparecem em cada ponta, quando a linha estiver selecionada.

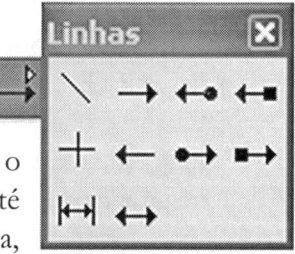

Figura 4.22: Opções de linhas e setas.

Conector

Você pode usar a ferramenta *Conector* para ligar um objeto ao outro. Após escolher o tipo desejado no menu de opções, posicione o cursor sobre o primeiro objeto a ser ligado. Você vai ver que esse ficará em destaque. Clique sobre esse objeto e desloque o cursor (com o botão esquerdo pressionado) para o segundo objeto. Ao largar o botão, você verá que uma linha estará ligando um objeto ao outro. Você pode, inclusive, mover cada um dos dois objetos de lugar que, ainda assim, a ligação se manterá.

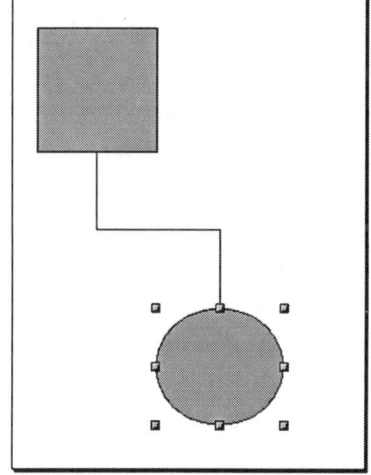

Figura 4.23: Ferramenta Conector ligando dois objetos.

Efeitos

Estes também serão explicados um por um:

Girar – Ao clicar nessa ferramenta, você poderá ver que o objeto que estiver selecionado será marcado por pequenos pontos vermelhos ao seu redor, no lugar dos quadrinhos verdes. Através dos pontos diagonais, você poderá girar o objeto na direção desejada. Já os pontos laterais, quando movidos, deformam o objeto. Observe que, no centro da seleção, há um símbolo semelhante a uma "mira". Esse símbolo marca o eixo em torno do qual o objeto irá girar e pode ser movido para qualquer ponto da área de trabalho.

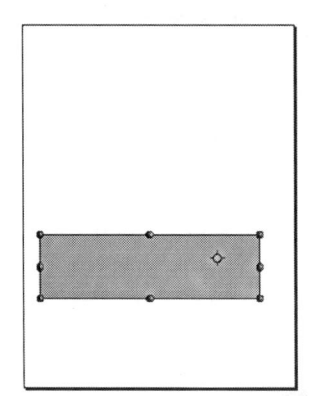

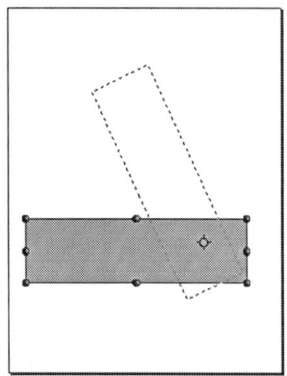

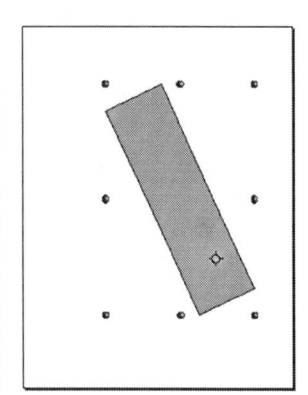

Figura 4.24: Objeto sendo girado.

Rebater – Ao clicar nessa opção, uma linha é vista cortando o objeto. Essa pode ser movida e inclinada, com um clique sobre ela ou sobre qualquer uma de suas extremidades. Posicione-a de forma a indicar o sentido

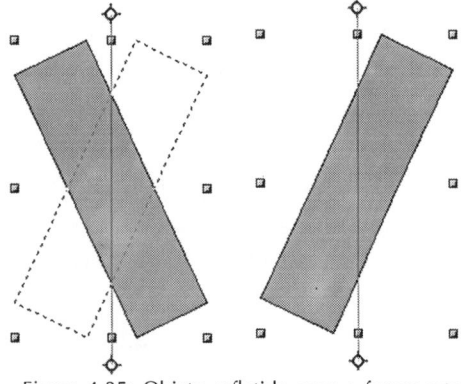

Figura 4.25: Objeto refletido com a ferramenta Rebater.

desejado no qual o objeto será refletido e clique em um dos quadros verdes ao redor do objeto, como se fosse distorcê-lo. Ao mover um desses quadros, o objeto será refletido.

Em Objeto de Rotação 3D – Um efeito muito interessante, que permite que uma forma selecionada dê origem a uma forma em 3D! Basta clicar na ferramenta, com o objeto já selecionado, e mover a "linha de efeito" que surgirá na tela. Um objeto 3D, da forma do objeto original, será criado seguindo o caminho descrito.

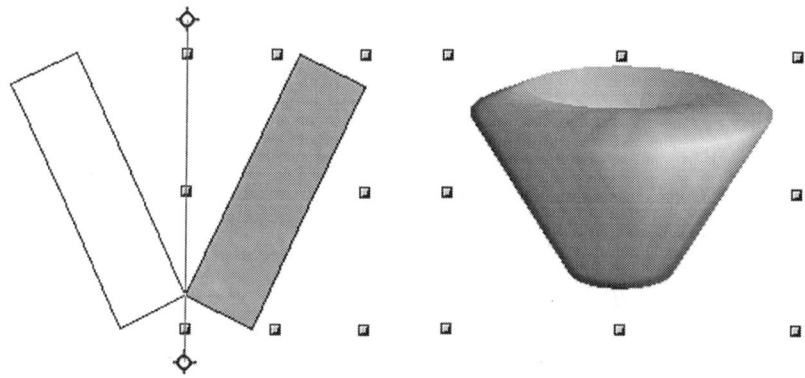

Figura 4.25: Resultado do uso da ferramenta Em Objeto de Rotação 3D em um objeto.

Definir como Círculo (perspectiva) – Permite que você trace um grande círculo, sendo que o contorno deste terá a forma do objeto selecionado. Caso esse objeto seja um círculo ou um quadrado, você será perguntado antes se deseja converter essa forma em curvas. Clique em *Sim*. A conversão em curvas será explicada mais à frente.

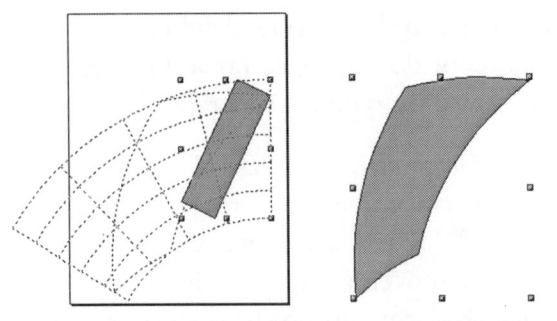

Figura 4.26: Uso da ferramenta Definir Como Círculo (Perspectiva).

Definir como Círculo (inclinação) – Funciona como a ferramenta anterior, mas dando uma inclinação diferente à sua forma.

Distorcer – Ao escolher essa ferramenta, pode-se ver que os quadrinhos verdes que indicam a seleção de um objeto se modificam. A partir de então, ao deslocar esses quadrinhos, a forma do objeto será alterada.

Transparência – Dá um efeito gradiente de transparência partindo da cor original do objeto. Esta transparência será melhor percebida caso o objeto seja disposto sobre qualquer outro objeto que compõe a página.

Gradiente – Modifica o gradiente de preenchimento do objeto selecionado. Esse comando somente estará disponível se você aplicou um gradiente ao objeto selecionado em Formatar, Área. Arraste as abas do gradiente da linha para alterar a direção do gradiente ou o comprimento do gradiente.

Alinhamento

Ao selecionar mais de um objeto, você tem a opção de alinhá-los, vertical e horizontalmente, de acordo com as opções contidas no menu oculto dessa ferramenta.

Seu resultado vai variar dependendo do número de objetos selecionados. Se apenas um objeto estiver selecionado, as orientações serão aplicadas tomando a página como base. Dessa forma, o objeto será alinhado ao centro, à base, ao topo, à margem esquerda ou à margem direita da página, dependendo da opção escolhida. Caso haja mais de um objeto selecionado, porém, a nova orientação tomará a eles mesmos como base. Dessa forma, quando a opção *Abaixo* for clicada, os objetos se alinharão com aquele objeto que estiver mais abaixo de todos, assim como, ao clicar-se em *Centro*, eles serão alinhados ao centro da área que os objetos selecionados ocupam juntos, e não necessariamente ao centro da página.

A propósito, as opções *Centralizado* e *Centro*, apesar do nome semelhante, têm funções diferentes. A primeira alinha o(s) objeto(s) ao centro tomando como base a largura da página ou da área que os objetos ocupam. Já a segunda opção toma a altura como base para centralizar o(s) objeto(s).

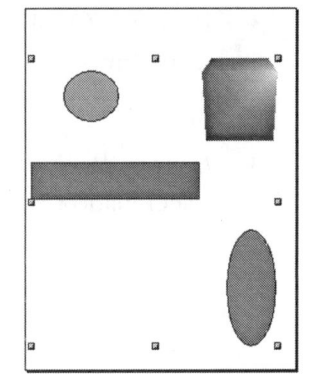

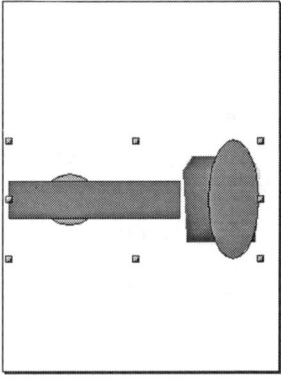

Figura 4.27: Objetos alinhados pela opção Centro.

Organizar

No caso de objetos sobrepostos, é através dessa ferramenta que você determina qual irá ficar à frente e qual ficará atrás. No menu de opções, você tem várias possibilidades disponíveis:

- *Trazer Para a Frente* – O objeto selecionado é sobreposto a todos os outros.

- *Avançar* – O objeto selecionado avança uma posição, ficando sobreposto ao objeto seguinte.

- *Recuar* – O objeto selecionado recua uma posição, ficando atrás do objeto anterior.

- *Enviar Para Trás* – O objeto selecionado fica por trás de todos os outros.

- *Na Frente do Objeto* – Ao clicar nessa opção, clique em seguida em um dos demais objetos, e o objeto selecionado inicialmente será sobreposto a esse segundo.

- *Atrás do Objeto* – Funciona como a opção anterior, mas essa posiciona o objeto selecionado por trás daquele no qual se der um clique.

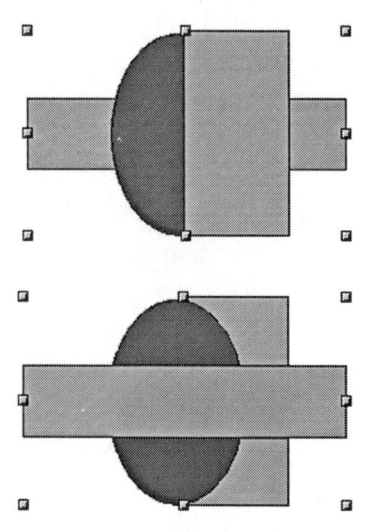

Figura 4.28: Ordem dos objetos alterada pela opção Inverter.

- *Inverter* – Opção disponível apenas quando há dois ou mais objetos selecionados. Ela inverte a posição dos objetos, trazendo para frente aquele que estava atrás e vice-versa.

Inserir

Essa ferramenta permite que você insira informações criadas em outros programas, como tabelas, fórmulas ou folhas de cálculos. Você pode, também, inserir uma nova página em seu documento, na opção Inserir página. Em Inserir imagem, você pode anexar uma imagem já existente (uma foto ou um clip-art, por exemplo) ao seu trabalho. Isto permite que fotos e imagens vetoriais sejam organizadas juntamente.

Controlador de 3D

Ao clicar nessa ferramenta, uma pequena janela se abrirá na tela. Nessa, você poderá escolher vários fatores para a criação de um objeto em 3D, tais como forma, relevo, iluminação, sombreado, entre outros.

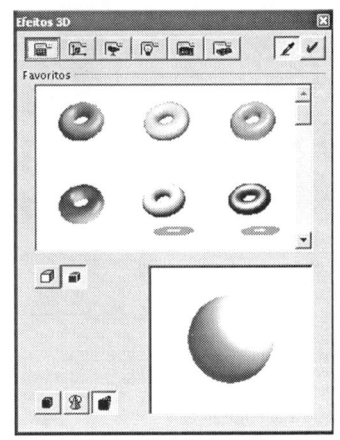

Figura 4.29: Controladores de 3D.

8 – Editar Pontos

É possível ver, ainda, logo acima da Barra de Ferramentas Principal, o botão *Editar Pontos*. Essa ferramenta encontra-se na Barra de Objetos, mas é interessante que falemos logo dela aqui. Para usá-la, você precisa antes selecionar um objeto. Assim feito, ao clicar nessa ferramenta, você verá os quadrinhos verdes que marcam a seleção do objeto se multiplicarem ao redor dele. Essa ferramenta permite a distorção de objetos e trabalha de várias formas.

> **FIQUE ATENTO!**
> *No caso do círculo e do retângulo, que possuem formas próprias de trabalhar com essa ferramenta, você pode fazer outro tipo de transformação. Vá em Modificar, Converter, Em Curva. A partir de então, essas formas vão ser reconhecidas como qualquer outro objeto.*

Aproxime o cursor de um dos quadrinhos em azul, até que esse se transforme em uma mão branca. Mova, então, um desses quadrinhos, como se quisesse encolher o objeto. Você vai ver, a partir daí, um outro tipo de transformação. Em vez de reduzir o retângulo, você poderá aplicar uma curvatura progressiva em suas pontas. Será possível, desde já, dar uma pequena curvatura às pontas do retângulo até transformá-lo em um objeto esférico.

116   Desvendando e Dominando o OpenOffice.org

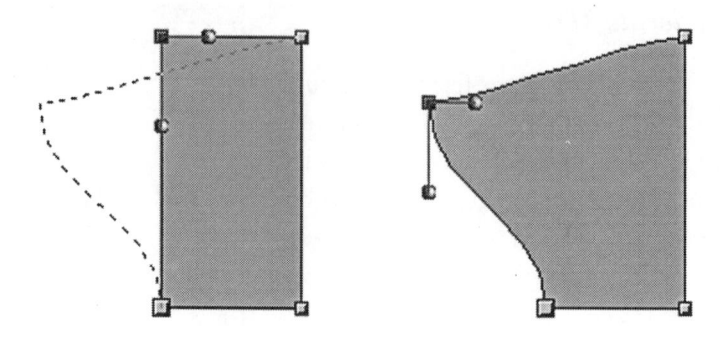

Figura 4.30: Deformação de uma figura.

Você verá, após a transformação, que o número de quadrinhos azuis irá aumentar ou, ao menos, mudar de lugar. Agora, movendo esses quadrinhos, a figura será deformada, na direção que você quiser. Cada um desses quadrinhos marca o que é chamado de pontos. Repare, também, que a barra de objetos foi alterada e mostra várias opções de trabalho com pontos. Você poderá, então, mover ou acrescentar novos pontos à figura, se isso o ajudar em seu trabalho de criação.

Para terminar o trabalho de edição de pontos, basta clicar novamente na ferramenta *Editar Pontos* e essa será desmarcada.

9 – Aplicando sombra a um objeto

Ainda na barra de objetos, pode-se ver o botão da ferramenta *Sombra* que, como o próprio nome diz, aplica uma sombra atrás do objeto selecionado, dando uma impressão de profundidade.

Caso você queira remover esse efeito, basta selecionar o mesmo objeto, dando um novo clique sobre essa ferramenta em seguida.

Figura 4.31: Sombra aplicada a um círculo.

10 – Barra de Opções

A Barra de Opções não aparece na configuração padrão do OpenOffice. Mas como ela fornece diversas opções interessantes que visam, antes de tudo, a uma melhor organização do seu trabalho, pode ser vantajoso mantê-la visível. Quando ativada, ela fica localizada na base inferior da tela. Para ativar a exibição da Barra de Opções, basta ir em Exibir, Barras de Ferramentas, Barra de Opções. Vamos analisar, então, todas as opções disponíveis:

Figura 4.32: Barra de Opções.

Editar Pontos

Mais um atalho para a mesma ferramenta que aparece na barra de objetos, já comentada.

Editar Pontos de Colagem

Insere ou modifica as propriedades de um ponto de colagem. Um ponto de colagem é um ponto de conexão criado com o uso da ferramenta *Conector*, localizada na Barra de Ferramentas Principal.

Modo de Rotação Após Clicar no Objeto

Acionando essa opção, o trabalho de girar objetos fica mais parecido de como é feito no CorelDraw. Dessa forma, para girar um objeto já selecionado, basta dar-lhe um novo clique que os marcadores que permitem a rotação serão vistos ao redor do objeto. Os quadrinhos verdes e os pontos vermelhos, que sinalizam o trabalho de rotação, se alternam sucessivamente a cada clique sobre o mesmo objeto.

Exibir Grade

Essa ferramenta permite que uma textura seja aplicada sobre a sua página, de forma a fazer com que essa simule um papel milimetrado. Esse modo de visualização possibilita uma organização mais precisa dos objetos da página. Não se preocupe quanto à impressão, pois esses marcadores não serão impressos.

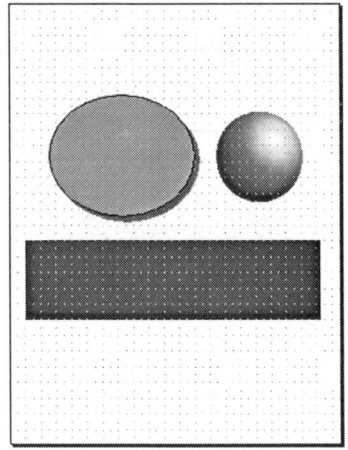

Figura 4.33: Opção Exibir Grade ativada.

Mostrar Linhas de Encaixe

O trabalho com linhas-guia também pode auxiliar muito uma melhor organização dos objetos da sua página. Clicando-se nessa ferramenta, o programa tem a permissão de ativar a exibição das linhas-guia. Caso você não tenha trabalhado com essas até agora, não verá diferença alguma ao acionar essa ferramenta.

No entanto, você passa a poder dispor do uso dessas linhas a partir de então. Você pode criar linhas-guia nos sentidos horizontal e vertical, a partir das respectivas réguas. Clique na área branca de uma das réguas e mantenha o botão esquerdo do mouse pressionado. Desloque, então, o cursor para a sua página. Ao largar o botão do mouse, você poderá ver uma linha tracejada marcando um determinado ponto da sua página.

Para uma maior precisão do ponto onde a linha-guia deve estar, clique sobre essa com o botão direito do mouse. Você verá a opção Editar Linha de Encaixe. Clicando nessa opção, uma janela será aberta na tela,

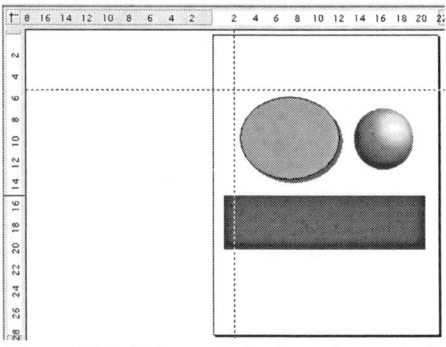

Figura 4.34: Linhas-guia horizontal e vertical.

com um espaço onde você deverá escrever o valor em centímetros da posição para onde deve ir a linha-guia. Você tem, ainda, a opção Excluir Linha de Encaixe. As linhas-guia também não serão impressas, mesmo constando do seu documento.

Guias ao Mover

Ao deslocar um objeto, esse é acompanhado em suas laterais por linhas-guia horizontais e verticais. Isto permite que você se baseie nessas linhas para um posicionamento exato do objeto deslocado, com base nas medidas da régua.

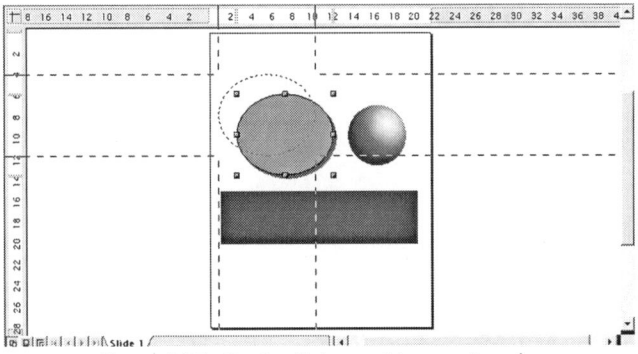

Figura 4.35: Opção Guias ao Mover acionada.

Alinhar à Grade

Só funciona quando a opção *Exibir Grade* está acionada. Ao clicar em *Alinhar à Grade*, os objetos, ao serem deslocados, serão "atraídos" aos pontos que compõem a grelha, alinhando automaticamente os objetos a esta.

Encaixar nas Linhas de Encaixe

Funciona da mesma forma que a opção anterior, mas em relação às linhas-guia. Ao aproximar um objeto de uma linha-guia, esse será "puxado" para forçar um alinhamento.

Alinhar às margens da Página

Funciona da mesma forma, mas em relação às margens da página.

Alinhar à Borda do Objeto

Outra opção que trabalha de forma a forçar um alinhamento, mas, dessa vez, a atração se dá entre as molduras de dois ou mais objetos.

Alinhar aos Pontos do Objeto

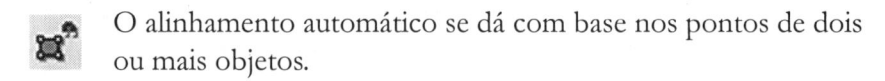

O alinhamento automático se dá com base nos pontos de dois ou mais objetos.

Permitir Edição Rápida, Selecionar Somente Área de Texto e Clique duas vezes para editar o texto

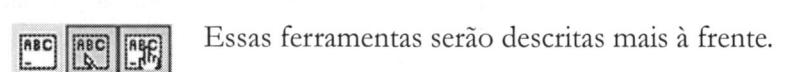

Essas ferramentas serão descritas mais à frente.

Alças Simples

Os quadrinhos verdes ou azuis e os pontos vermelhos que envolvem um objeto, dependendo do trabalho que estiver sendo realizado, passam a ser vistos de forma mais simplificada. Eles aparecem, então, na cor preta e sem formas detalhadas.

Alças Grandes

As guias são vistas em um tamanho maior.

Criar Objeto com Atributos

Se essa opção estiver selecionada, os objetos serão vistos com todos os seus atributos desde o momento em que começarem a ser criados. Por exemplo: na visualização normal, ao criar-se um círculo, esse será visto somente em seu contorno enquanto é traçado, e só quando o botão do mouse for solto e o círculo finalizado é que se verão a cor e as especificações aplicadas automaticamente como padrão. Caso a opção *Criar Objeto com Atributos* esteja selecionada, esse círculo será visto em sua cor e demais configurações desde o momento em que ele começa a ser traçado.

Espaço Reservado para Figuras

Ao clicar a primeira vez nessa opção, as imagens bitmap contidas no documento são ocultadas, dando lugar a uma caixa que marca toda a sua área (os objetos vetoriais, por sua vez, continuam sendo visualizados normalmente). Dentro dessa caixa, aparece escrito o nome do arquivo e o local onde ele está salvo. O objetivo dessa ferramenta é tornar mais rápido e leve o trabalho com documentos onde haja imagens bitmap importadas. Para voltar a exibi-las, basta clicar novamente nessa mesma ferramenta. O fato de as imagens estarem ou não ocultas não afeta a impressão do documento.

Modo de Contorno

Os objetos são vistos apenas por seus contornos, mesmo no caso de imagens com preenchimento. Isto facilita tudo para aquele usuário que não tem um computador muito potente. Essa alteração só tem efeito na visualização do documento. Na impressão, não há qualquer tipo de alteração.

Espaço Reservado para Textos

Simplifica a visualização de blocos de texto, funcionando da mesma forma que a opção anterior.

Somente Contorno de Linha

Suaviza a visualização das linhas de contorno, funcionando da mesma forma que as duas opções anteriores.

11 – Trabalhando com textos

Apesar do Draw não ser um editor de textos (para essa tarefa específica há o Writer), ele permite que você acrescente textos em seu trabalho de uma forma bem versátil, já que várias ferramentas específicas são oferecidas. Você pode tanto criar o texto no Draw como importar textos já salvos, digitados em um editor de textos (como o Microsoft Word e, é claro, o próprio Writer).

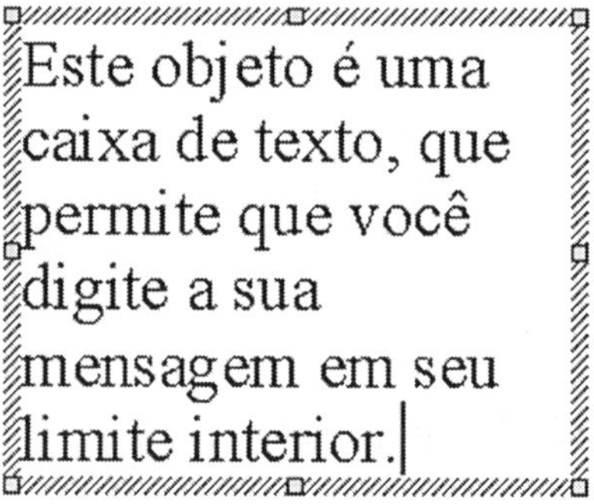

Para importar um texto para uma página do Draw, basta ir em Inserir, Arquivo e escolher o nome do arquivo desejado.

Também é muito simples criar um texto no Draw. Na descrição da Barra de Ferramentas Principal, a ferramenta *Texto* foi pulada, para que fosse melhor explicada aqui, nesse capítulo. Você vai ter aqui, então, todas as explicações necessárias para que o trabalho com textos no Draw seja bem-sucedido.

Este objeto é uma caixa de texto, que permite que você digite a sua mensagem em seu limite interior.

Figura 4.36: Caixa de texto.

Clicando-se na ferramenta *Texto*, pode-se notar uma mudança no cursor, que passa a se assemelhar à forma como o cursor é visto durante a digitação de textos no Writer. Ao clicar em qualquer ponto da página, você poderá ver um pequeno objeto que surgirá, com um contorno espesso. Esse objeto é uma caixa de texto, que permite que você digite a sua mensagem em seu limite interior. A partir de então, o que você digitar, irá aparecer dentro dessa caixa, que irá crescendo à medida que o texto digitado crescer, adaptando-se a este.

Você pode, também, criar uma caixa de texto em um espaço predeterminado. Para isso, basta "desenhá-la" no local e no tamanho desejados, como se desenha um retângulo. Dessa forma, a caixa de textos passa a servir como um limite ao texto. Este, inclusive, ao ser digitado, mudará de linha a cada vez que a fronteira da caixa de textos for atingida.

A caixa de textos pode ser trabalhada como um objeto qualquer. Você poderá, então, movê-la, girá-la, alinhá-la etc. Entretanto, ao selecionar o texto contido em seu interior, você irá trabalhar da mesma forma que trabalha com o seu editor de textos. Você irá selecionar uma palavra ou pular uma linha como sempre fez, ao trabalhar com textos.

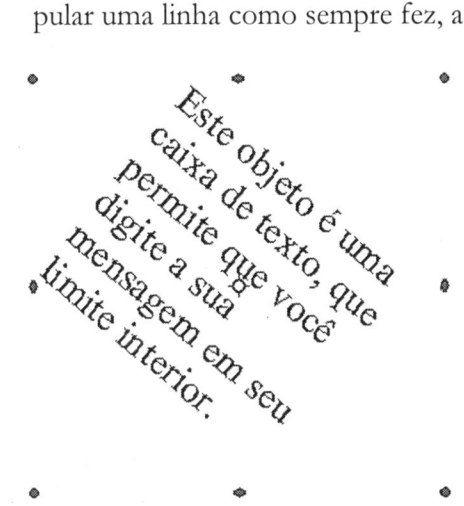

Figura 4.37: Caixa de texto rotacionada como um objeto comum.

Você pode reparar também que, logo ao selecionar a ferramenta *Texto*, a barra de objetos se transformará, e passará a dispor das mesmas ferramentas oferecidas pela barra de objetos do Writer. Não é necessário, portanto, que o funcionamento de cada ferramenta (negrito, itálico, fonte, centralizar, entre outras) seja descrito aqui, pois suas aplicações já foram muito bem descritas no capítulo referente ao Writer. O mesmo pode ser dito quanto à revisão ortográfica e às configurações de linhas e parágrafos. Essas opções podem ser acessadas ao se clicar sobre o texto com o botão direito do mouse, ou pelos menus *Formatar* e *Ferramentas*, localizados no topo da tela.

Você pode ver que a ferramenta *Texto* possui um menu desdobrável, acessado com um clique prolongado do mouse. Vamos conferir as outras opções:

Ajustar Texto à Moldura

Essa opção é mais apropriada para a criação de títulos, logotipos ou textos mais curtos e "visuais". Escolha essa opção da ferramenta *Texto* e crie uma caixa de texto no seu documento. Ao digitar uma palavra, você poderá ver que a letra aparecerá da altura da caixa de texto criada. Ao terminar a digitação, você poderá esticar ou encolher o texto digitado à vontade, como se fosse um objeto qualquer. Na forma de texto tradicional, ao redimensionar a caixa de textos, será alterado apenas o espaço por onde o texto poderá seguir, mas o tamanho e a proporção das fontes serão mantidos. Isto é justamente o que não ocorre na alternativa *Ajustar texto à moldura*.

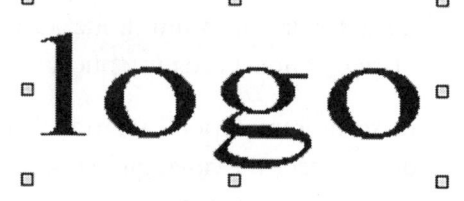

Figura 4.38: Palavra criada com a opção Ajustar Texto à Moldura.

Textos Explicativos

Cria uma caixa de texto com uma linha que pode ser ligada a outro objeto.

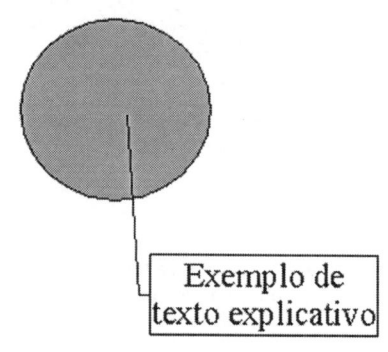

Figura 4.39: Texto explicativo.

Texto Vertical, Ajustar Texto Vertical à Moldura e *Textos Verticais Explicativos*

Essas três opções funcionam de forma semelhante às três opções que acabaram de ser descritas, com um diferencial: o texto inserido aparece na vertical.

Da mesma forma que as linhas-guia e a grelha, o contorno da caixa de texto não será impresso. Na sua impressão, você terá apenas o texto digitado.

Figura 4.40: Texto vertical.

Na Barra de Opções, você ainda tem três opções interessantes, que podem facilitar o seu trabalho. Vamos a elas:

Permitir Edição Rápida

Se essa opção não estiver ativada, você poderá selecionar uma caixa de texto já criada normalmente, como se seleciona um objeto qualquer. Para alterar o texto digitado em seu interior, você terá que clicar sobre os caracteres com a ferramenta texto ativada.

No entanto, a opção *Permitir Edição Rápida* modifica isso. Ativando essa opção, ao clicar em uma caixa de texto, você estará, automaticamente, editando o texto contido nessa, sem precisar ativar a ferramenta *Texto*. Isto facilita de um lado, mas complica um pouco de outro. Dessa forma, para que você selecione a caixa de texto, deverá clicar bem em seus limites ou em uma área que não contenha caractere algum digitado.

Selecionar Somente Área de Texto

Quando essa opção não está ativada, você pode selecionar a caixa de texto clicando em qualquer ponto dessa, mesmo que não haja texto algum digitado no ponto exato onde você deu o clique.

Entretanto, caso essa opção esteja acionada, você terá que clicar apenas nas áreas digitadas ou a caixa de textos não será reconhecida. Isto pode facilitar ao evitar que a caixa seja selecionada acidentalmente em uma tentativa de selecionar outro objeto.

Clique duas vezes para editar o texto

Pode ser útil quando a opção *Permitir Edição Rápida* não está acionada. Dessa forma, bastará clicar duas vezes sobre a caixa de texto para iniciar o trabalho de edição, sem precisar acionar a ferramenta *Texto*.

Você pode, ainda, transformar um objeto comum em uma caixa de textos. Para isso, deve selecionar o objeto desejado, bastando depois acionar a ferramenta *Texto*. Ou então dê um duplo clique sobre qualquer ponto da área do objeto.

12 – As demais ferramentas

A partir daqui, as principais contidas nos menus do Draw serão estudadas, uma a uma. As opções que não forem comentadas nessa parte já terão sido explicadas anteriormente neste ou em outros capítulos, por terem a mesma função.

Menu Editar

- *Duplicar*

Ao clicar nessa ferramenta, uma janela abre-se na tela para que você configure o trabalho de duplicação. Nessa janela, você irá especificar o número de duplicatas a serem criadas e a variação de ângulo, tamanho ou posição destas.

O editor de gráficos vetoriais Draw 127

- *Esmaecimento*

Essa ferramenta só estará disponível caso dois objetos estejam selecionados. Você poderá, então, criar uma seqüência de imagens na qual a primeira se transformará, gradualmente, na segunda. Uma janela se abrirá, onde você poderá estabelecer o número de objetos intermediários a serem criados e outros itens.

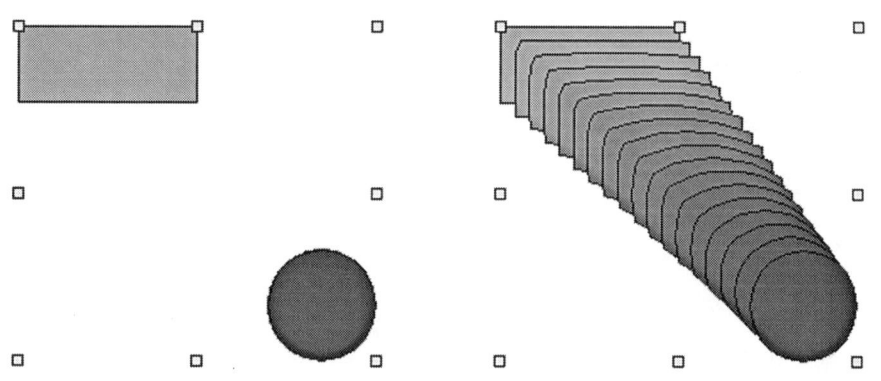

Figura 4.41: Efeito Esmaecimento aplicado a dois objetos selecionados simultaneamente.

- *Excluir Slide*

Essa ferramenta só está disponível em documentos com mais de uma página. Ao acioná-la, a página que estiver sendo visualizada no momento será excluída, excluindo também todo o seu conteúdo.

- *Mapa de Imagens*

Permite a criação de imagens mapeadas. Uma explicação sobre estas pode ser lida no capítulo referente à criação de páginas para a internet.

Menu Exibir

- *Zoom*

Abre uma janela com várias opções de porcentagem de visualização. Dessa forma, você poderá aumentar ou diminuir a visualização do seu documento na tela, baseado em um valor percentual específico.

- *Réguas*

Você pode optar ou não pela visualização das réguas.

- *Qualidade de Exibição*

Oferece quatro alternativas: *Cor*, *Tons de cinza*, *Preto e branco* e *Contraste*. Quanto mais simples for a visualização do seu trabalho, menor será a quantidade de memória exigida do seu computador. Isto pode ser bem interessante para aqueles usuários que dispõem de computadores mais lentos. A mudança no modo de visualização não altera a forma como o seu trabalho será impresso. Caso você mude o modo de visualização, lembre-se, na hora de retornar ao modo padrão, que esse corresponde à opção *Cor*.

- *Visualizar*

Abre uma pequena janela no centro da tela, com uma exibição em miniatura do seu documento.

- *Modo de Visualização*

Tem a mesma função da ferramenta *Qualidade de Exibição*, mas a alteração é vista apenas na janela de previsualização.

Menu Inserir

- *Slide*

Insere uma nova página em branco no seu documento, logo depois da página atual.

- *Duplicar Slide*

Cria uma nova página, com conteúdo idêntico ao da página em destaque.

- *Campos*

Insere automaticamente algumas informações como data, hora, nome do arquivo ou nome do autor (como nome do autor, entende-se o nome sob o qual o OpenOffice foi registrado).

- *Caractere Especial*

Essa opção é disponível apenas quando uma caixa de texto está selecionada, permitindo que alguns caracteres que não constam no teclado padrão sejam inseridos ao texto.

- *Digitalizar*

Possibilita a digitalização de imagens, para aqueles que possuem um scanner.

- *Planilha*

Cria uma planilha igual a um documento do Calc. Inclusive, ao selecionar esse objeto, as barras de ferramentas se alteram, oferecendo ferramentas que possibilitam o trabalho com tabelas.

- *Figura*

Importa uma imagem já existente, vetorial ou não (desde que o Draw esteja apto a ler esse tipo de arquivo), bastando para isso que você selecione o arquivo correspondente.

- *Arquivo*

Permite que o conteúdo de um outro arquivo (desde que compatível com o OpenOffice) seja incluído no seu documento.

Menu Formatar

- *Padrão*

Anula todas as alterações quanto ao preenchimento e ao contorno de um objeto, dando a este a configuração padrão

- *Texto*

Oferece a possibilidade de uma melhor configuração do texto em relação à moldura, permitindo que os caracteres se adaptem à extensão dessa.

- *Posição e Tamanho*

Abre uma janela, na qual se pode optar por três tipos de configuração, que são:

- *Posição e T,amanho:* Determina o ponto exato da sua página onde o objeto deve ser posicionado. Pode-se também alterar as medidas da altura e da largura do objeto selecionado, baseado em valores numéricos.

- *Rotação:* Permite que o valor da rotação, em graus, seja estabelecido.

O editor de gráficos vetoriais Draw 131

– *Inclinação e Raio do Canto:* Permite que valores sejam determinados para a inclinação de um objeto.

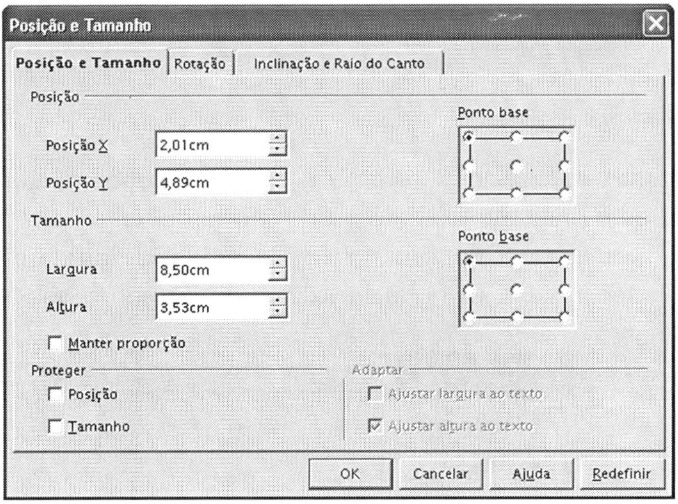

Figura 4.42: Janela Posição e Tamanho.

- *Caractere*

Abre uma janela com várias opções diferentes de configurações a serem aplicadas ao texto. A maior parte dessas configurações, familiares para quem já usou o Writer, é repetida na barra de estado, quando um texto é selecionado.

- *Página*

Permite que o formato, a medida, o padrão e a disposição da página sejam alterados. No canto superior direito da janela que é aberta, pode-se ver uma miniatura onde as alterações poderão ser pré-visualizadas.

- *Estilos, Catálogo*

Dispõe vários modelos de objetos, textos e páginas preexistentes, que podem ser usados e modificados.

- *Fontwork*

Abre uma pequena janela, com várias opções de configuração de textos ajustados à moldura. Os botões do topo permitem que o texto seja alinhado a um arco imaginário, dando uma curvatura a este. Você pode, ainda, modificar essa inclinação e aplicar sombras aos caracteres.

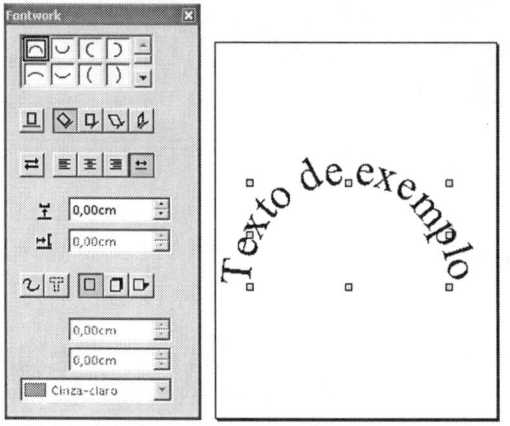

Figura 4.43: Uso da ferramenta Fontwork em um texto de exemplo.

- *Efeitos 3D*

Ao clicar nessa opção, uma janela mostra várias simulações de efeitos de 3D em formas básicas de exemplo. Para aplicar esse efeito no objeto selecionado, basta um duplo clique sobre a simulação desejada.

Figura 4.44: Uso da ferramenta Efeitos 3D.

Menu Modificar

- *Rebater*

O objeto selecionado pode ser refletido, horizontal ou verticalmente.

- *Converter*

Algumas opções são oferecidas, entre elas:

– *Em Curva:* Transforma o texto selecionado em objetos comuns. Além disso, essa ferramenta também tem uma aplicação muito interessante: ela transforma uma imagem bitmap, inserida em seu documento, em uma imagem vetorial. Isto vale para qualquer tipo de imagem, incluindo fotos completas! Esse trabalho, que, no pacote CorelDraw, tem a necessidade do uso de um programa unicamente para esse tipo de trabalho, é feito de forma bem simples no OpenOffice.

– *Em 3D:* Aplica um visual de objeto 3D ao objeto selecionado.

– *Em Objeto de Rotação 3D:* Cria uma forma circular, tendo como base a forma do objeto selecionado.

- *Organizar*

Oferece várias opções para ordenar objetos sobrepostos. Essas opções são as mesmas oferecidas pela ferramenta *Organizar*, da Barra de Ferramentas Principal.

- *Alinhamento*

Como a ferramenta anterior, fornece as mesmas opções da ferramenta *Alinhamento* localizada na Barra de Ferramentas Principal.

- *Agrupar*

Quando um ou mais objetos estão selecionados, podem ser agrupados. A partir de então, serão movidos e configurados sempre juntos.

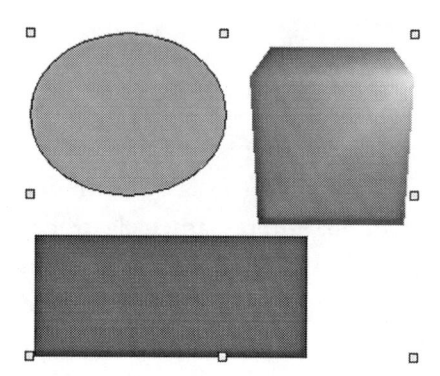

Figura 4.45: Objetos agrupados.

- *Desfazer Agrupamento*

Desfaz o último agrupamento em um grupo selecionado.

- *Entrar no Grupo*

Permite que um ou mais objetos agrupados sejam modificados isoladamente. Ao acionar essa ferramenta, os objetos passam a ser vistos como se não estivessem agrupados. Ao terminar a modificação desejada, clique na opção seguinte – *Sair do grupo* – e os objetos voltarão a ser vistos agrupados.

- *Combinar*

Une dois objetos parcialmente sobrepostos, cortando o espaço sobreposto.

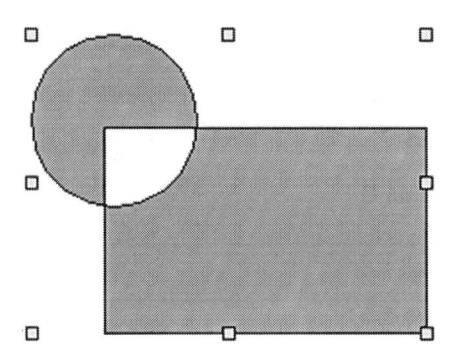

Figura 4.46: Dois objetos combinados.

- *Dividir*

Desfaz o trabalho do "combinar".

13 - Macetes

Em alguns momentos, o uso de uma ferramenta pode ter variações, dependendo do modo como é usada. A seguir, estão algumas dicas bem interessantes:

- Com a tecla **Shift** pressionada, o deslocamento de um objeto ganha uma nova alternativa. Ao mover um objeto com essa tecla pressionada, este se deslocará apenas na horizontal ou na vertical, mantendo um caminho reto.

- Ao girar um objeto, mantendo ainda a tecla **Shift** pressionada, esse será girado apenas em ângulos múltiplos de 15. É uma opção muito prática em alguns casos. Para a colocação de um texto na vertical ou para deitar um objeto, por exemplo, essa opção vem bem a calhar.

- Ainda, ao esticar ou encolher um objeto, a combinação com a tecla **Shift** oferece um bom recurso. A figura mantém a sua proporção, quando "puxada" na diagonal.

- A tecla com o sinal de +, na parte numérica à direita do teclado, também pode ser usada no Draw. A cada vez que esta é pressionada, é dado um zoom no documento. Você pode usar essa tecla sucessivamente e o documento será aproximado cada vez mais. O inverso pode ser obtido com a tecla -, que faz com que a imagem seja afastada. Você pode usar, ainda, as teclas * (que normalizam a visualização) e a tecla / (que dá zoom no objeto selecionado).

- Quando você quer selecionar um objeto que se encontra por trás de um outro, a tecla **Alt** é a solução! Com essa tecla pressionada, o objeto de trás é selecionado facilmente, bastando clicá-lo com o cursor como em uma seleção normal, ignorando o objeto da frente.

- Você pode também movimentar os objetos na vertical e na horizontal usando as setas do teclado. Mantendo a tecla **Shift** pressionada, a visualização da página irá subir ou descer.

- A tecla **Tab**, a cada vez que é pressionada, alterna os objetos selecionados.

- A tecla **Esc**, ao ser pressionada, tira a seleção de todos os objetos na tela que porventura estejam selecionados.

14 – Salvando seu documento

Os arquivos do Draw são salvos sob o formato .das. Ao contrário dos outros programas do pacote, que podem ser salvos em formatos compatíveis com outros programas similares, os documentos criados no Draw só podem ser salvos nesse formato, gerando um arquivo com extensão .*sxd*.

Para salvar seu documento, basta clicar em Arquivo, Salvar ou Arquivo, Salvar Como, além de poder também clicar no ícone *Salvar Documento*, na barra de funções.

Há ainda, como nos demais aplicativos do OpenOffice, a opção de exportar o arquivo para o formato PDF. Para isso, basta clicar em Arquivo, Exportar em PDF, ou na mesma ferramenta localizada na barra de funções.

Capítulo 5

O editor de apresentações Impress

O aplicativo Impress é o responsável, no pacote OpenOffice, pela criação de apresentações, assim como o conhecido PowerPoint, do Microsoft Office. Para apresentar os benefícios de um produto, auxiliar em palestras, expor um projeto ou mesmo para a criação de um cartão virtual, o Impress certamente atenderá muito bem às suas necessidades.

Vale lembrar aqui, mais uma vez, a grande integração e as muitas semelhanças entre todos os programas do pacote. Sendo assim, boa parte das ferramentas que o Impress oferece para a criação de gráficos e textos é igual à do aplicativo Draw, que foi estudado no capítulo anterior. Portanto, mesmo que o seu interesse ao ler esse livro seja aprender a usar especificamente o Impress, é aconselhável a leitura também das explicações referentes ao Draw, pois tudo o que você aprender sobre esse programa será aplicado também ao Impress. Depois, leia esse pequeno capítulo que, como em um aparte, explica algumas ferramentas específicas para que você crie a sua apresentação.

1 – Iniciando a sua apresentação

Para iniciar o Impress, clique no ícone *Apresentação*. Ele pode ser acessado pelo menu Iniciar ou pelo ícone do Iniciador Rápido do OpenOffice.org, presente na Taskbar do Windows. Ou, caso algum aplicativo do OpenOffice já esteja sendo executado, basta clicar em Arquivo, Novo, Apresentação.

Você verá, então, surgir uma janela na tela, oferecendo três opções:

Apresentação em branco

Permite a criação de uma apresentação sem o uso de modelos prontos.

A partir do modelo

Oferece um grande número de modelos para a criação da sua apresentação, mas você pode configurá-los e alterá-los. O uso de modelos facilita em muito a sua criação, oferecendo a oportunidade da sua apresentação ter uma diagramação e um esquema de cores criados por profissionais de artes gráficas. A desvantagem é que se pode perder em originalidade, já que qualquer usuário do OpenOffice pode usar, também, o mesmo modelo em suas criações.

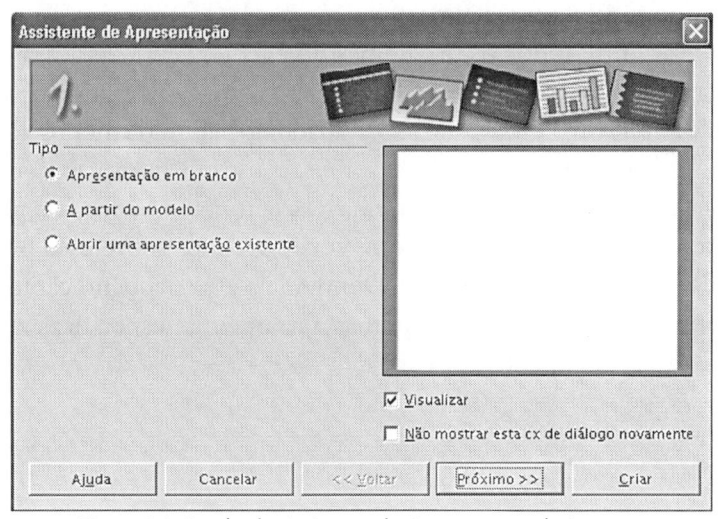

Figura 5.1: Janela do Assistente de Apresentação do Impress.

Abrir uma apresentação existente

Clique nessa opção quando desejar abrir uma apresentação que já tenha criado e salvo, para fazer alterações.

No canto superior direito da janela, um quadro branco pode ser visto. Ele oferece uma pré-visualização do arquivo a ser aberto ou a ser criado. Ao clicar em um modelo, por exemplo, o visual deste poderá ser visto antes que você crie o seu documento. Logo abaixo desse quadro, têm-se mais duas opções:

Visualizar

Para que você possa visualizar uma prévia dos arquivos e modelos no quadro branco, essa opção deve estar marcada.

Não mostrar essa cx de diálogo novamente

Clicando nessa opção, na próxima vez que o Impress for iniciado, essa janela não aparecerá mais e você terá acesso diretamente à tela de edição do aplicativo.

Escolhendo as opções, clique em *Criar* se você já estiver satisfeito com a configuração estabelecida ao documento a ser criado. Clique em *Próximo* caso queira continuar com o trabalho do Assistente de Apresentação. Caso desista de criar uma apresentação ou tenha aberto essa janela por engano, clique em *Cancelar*.

Clicando em *Próximo*, uma nova janela aparecerá, fornecendo novas opções. Em *Selecione um esboço de slide*, você terá várias opções de imagens de fundo e formatações de texto predefinidas. Você poderá escolher, ainda, onde a sua apresentação será vista: papel, transparência, tela ou slide. A escolha da opção correta fará diferença caso você pretenda imprimir as telas da apresentação no papel ou exibi-la em um computador, por exemplo. Clique novamente em *Próximo*.

Figura 5.2: Configuração da apresentação que está sendo criada pelo Assistente.

Novas opções são oferecidas. A opção *Selecione uma transição de slides* permite que efeitos sejam aplicados na transição de um slide ao outro. Caso nenhuma opção seja selecionada, ao avançar de um slide ao outro, você verá apenas o primeiro sumindo e o segundo aparecendo em seu lugar. Entretanto, você pode aplicar alguns efeitos nessa transição, como, por exemplo, o

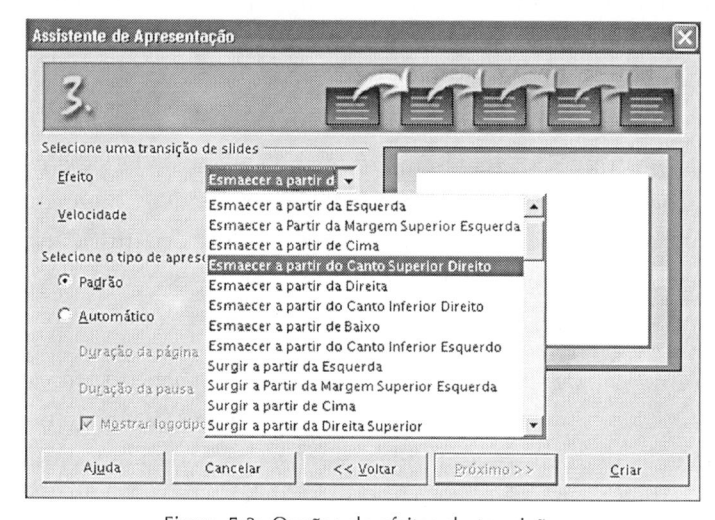

Figura 5.3: Opções de efeitos de transição.

que faz a primeira tela dissolver, dando lugar à segunda. Ao clicar em qualquer uma dessas opções, você terá, na caixa de visualização, uma amostra desse efeito. Em *Velocidade*, você determina a rapidez com que essa transição deve ocorrer.

Em *Selecione o tipo de apresentação*, pode-se optar por *Padrão* (o slide seguinte será visto com um clique do mouse) ou *Automático* (é possível estabelecer por quanto tempo cada slide será visto, antes de dar lugar ao outro). Caso você opte pela opção *Automático*, logo abaixo deverá marcar o tempo de *Duração da Página* e o tempo de *Duração da Pausa*, impondo o ritmo desejado.

Depois de tudo definido, clique novamente em *Próximo*, caso esteja criando sua apresentação a partir de um modelo. Ou clique em *Criar*, caso tenha iniciado uma apresentação vazia. Caso queira modificar configurações anteriores, clique em *Voltar* e a janela anterior será vista novamente.

Se você está criando seu trabalho a partir de um modelo, a janela seguinte vai pedir alguns dados, que variam de acordo com o tipo do modelo escolhido. Você poderá digitar, então, o nome da sua empresa, o título da sua apresentação ou uma mensagem inicial, a constar no primeiro slide. Esses são apenas exemplos de dados que o Assistente de Apresentação pode pedir ao usuário e vão depender do tipo de apresentação a ser criada.

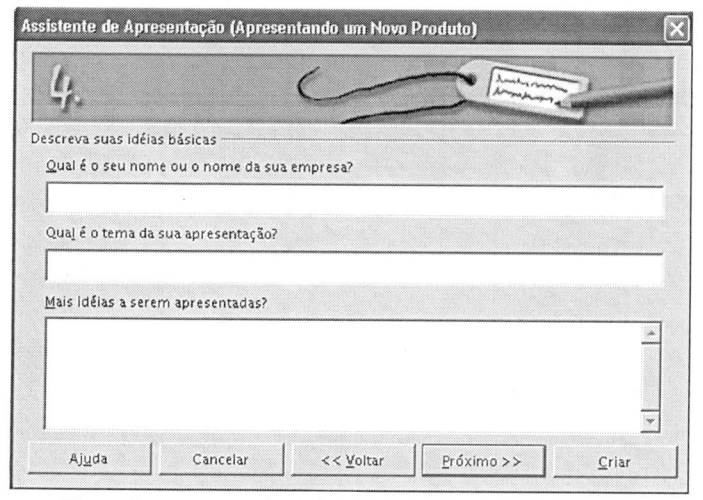

Figura 5.4: Inserção de dados a constarem na apresentação.

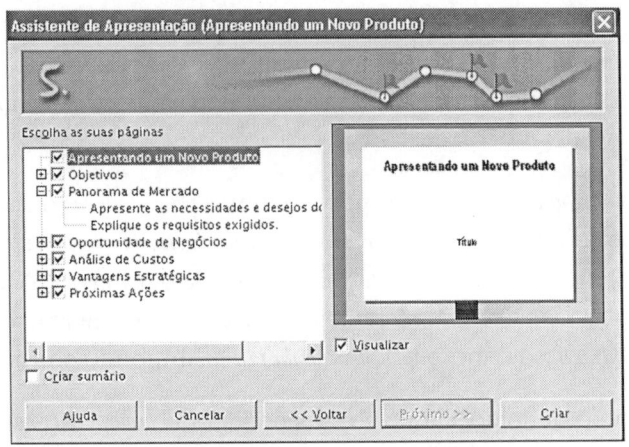

Figura 5.5: Opções de páginas a serem acrescentadas.

Clicando mais uma vez em *Próximo*, uma lista de páginas será oferecida e você deverá optar por aquelas que deseja que constem no seu documento e aquelas que não deseja. Essas páginas também variam quanto ao tipo de modelo escolhido. Em um modelo comercial, por exemplo, serão oferecidas páginas com temas como fornecedores, tendências, segmentos, clientes, entre outros. Você poderá ver, também, que a tecla *Próximo* não está mais disponível nessa janela. Isto quer dizer que o Assistente de Apresentação chegou ao fim e você deverá clicar em *Criar* para ver a estrutura da sua apresentação pronta.

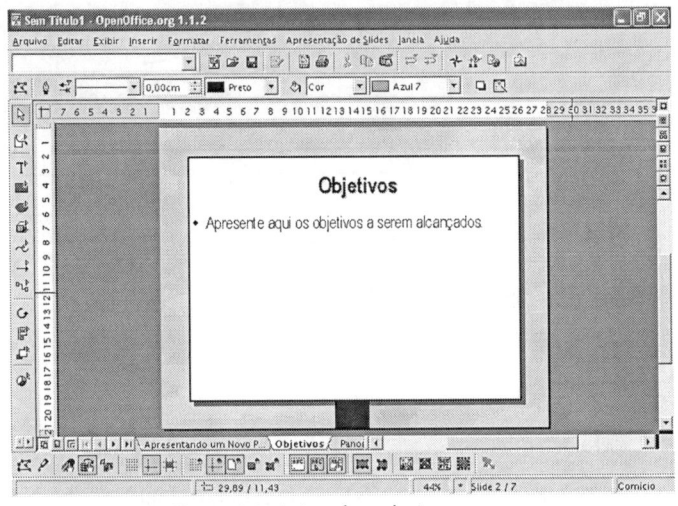

Figura 5.6: A interface do Impress.

Se você optou por criar uma apresentação em branco, no final desse processo, o programa vai abrir a janela entitulada *Modificar Slide*. Através desta, você dá um nome para o slide inicial no campo *Nome*, além de poder escolher qualquer uma das opções oferecidas em *Selecionar um AutoLayout*. Escolha a opção desejada conforme o tipo de conteúdo a ser inserido no layout e sua organização. Fazendo isso, o seu trabalho de composição será bastante facilitado.

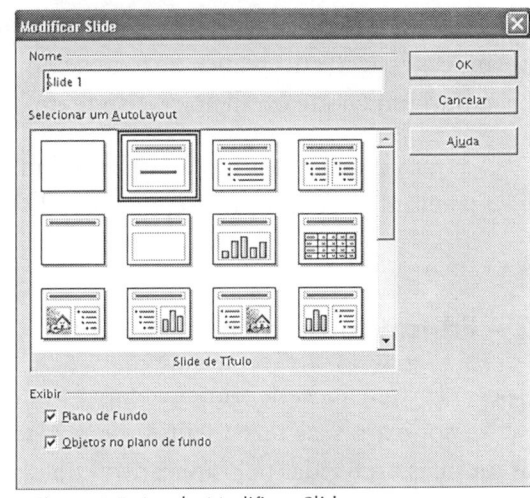

Figura 5.7: Janela Modificar Slide.

Só como exemplo, caso você opte pela opção *Título, Clipart, Texto* (o nome de cada opção é mostrado na base da janela quando um dos ícones é selecionado), o slide em questão já abrirá pronto para receber esse tipo de conteúdo. Daí, na área reservada à imagem, lê-se "Clicar duas vezes para adicionar figuras", e basta fazer isso para que a janela *Inserir Figura* seja aberta e permita a você selecionar o arquivo correspondente. Da mesma

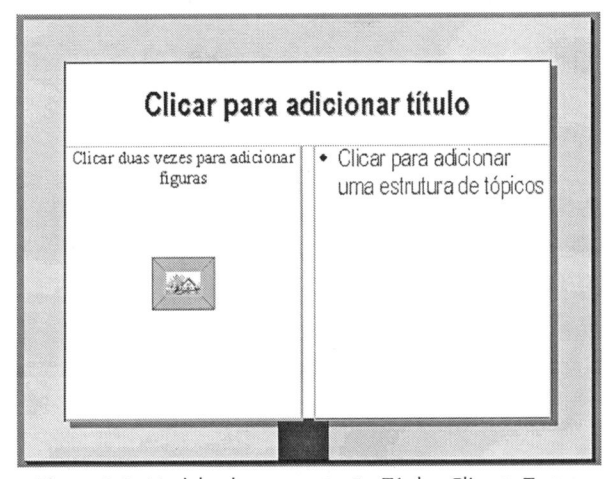

Figura 5.8: Modelo de apresentação Título, Clipart, Texto.

forma, a área onde se lê "Clicar para adicionar uma estrutura de tópicos" permite a criação automática de textos com essa formatação estilo tópicos, bastando um clique e a digitação do texto.

A cada novo slide inserido à sua apresentação pela opção Inserir, Slide, essa janela abre-se novamente, oferecendo as mesmas opções.

2 – Editando gráficos e textos

Terminada essa primeira etapa, o leitor pode conferir o que foi dito logo atrás: as ferramentas oferecidas pelo Impress são basicamente as mesmas oferecidas pelo aplicativo Draw, assim como seu funcionamento é o mesmo. Têm-se as mesmas barras de ferramentas, de objetos, de funções, de cores e de opções, com pouquíssimas mudanças. Essas mudanças vão ser comentadas aqui. É possível criar, girar e editar objetos da mesma forma também. No entanto, uma outra diferença também já pode ser notada: o retângulo branco no centro, que representa uma folha de papel no Draw, não é visto aqui. Na tela do Impress, você visualiza apenas a área da sua apresentação.

Figura 5.9: Painel Apresentação.

Na base da tela, mais à esquerda, no mesmo local onde o Draw indica o número das páginas, pode-se também visualizar o número ou o nome de cada um dos slides.

Na Barra de Objetos, exibida no topo da tela, há, na extremidade direita, o botão *Ativar/ Desativar Caixa de Apresentação*. Clicando nesse botão, um pequeno quadro se abrirá na tela, oferecendo cinco opções:

Inserir Slide

Abre a janela *Inserir Slide*, onde você deve digitar o nome da página a ser criada, além de escolher o seu formato e a forma como será visualizada.

Modificar Layout de Slide

Permite que o formato de página escolhido no início seja alterado.

Esboço de Slide

Oferece novos estilos a serem aplicados na página atual.

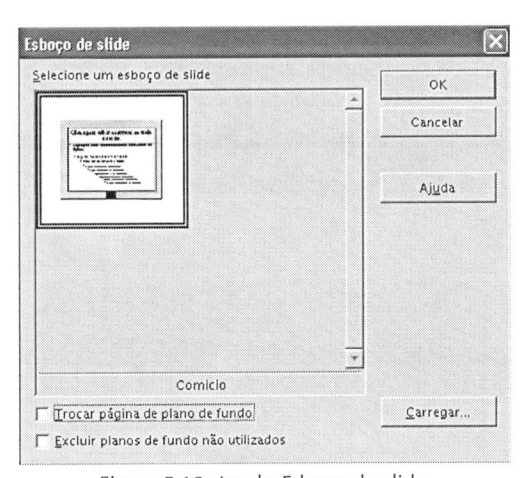

Figura 5.10: Janela Esboço de slide.

Duplicar Slide

Cria uma nova página com o mesmo conteúdo da página atual.

Expandir Slide

Funciona apenas com páginas criadas a partir de modelos. Ao clicar nessa opção, a página atual é excluída e o seu conteúdo é dividido em duas ou três novas páginas.

Na Barra de Ferramentas Principal, mais abaixo, há o botão *Efeitos de Animação*. Com um clique sobre ele, uma janela é aberta, oferecendo várias opções de efeitos que podem ser atribuídos a objetos selecionados. No topo dessa janela, há quatro botões:

Efeitos

Aplica diversos tipos de efeitos ao objeto selecionado. Esses efeitos assemelham-se aos efeitos que podem ser aplicados na transição de um slide a outro. Você pode, por exemplo, criar um quadro que surgirá aos poucos quando o respectivo slide for visualizado, ou, ainda, fazer com que um círculo mova-se da esquerda para a direita da tela. Na paleta inferior, você ainda pode determinar a velocidade na qual o efeito irá acontecer.

Figura 5.11: Painel Efeitos de Animação.

Efeitos de Texto

Os mesmos tipos de efeitos descritos anteriormente podem ser aplicados, aqui, em textos. Pode-se fazer, então, o texto surgir aos poucos, deslocar-se de cima para baixo ou de um lado para outro etc.

Extras

É oferecida, entre outras, a opção de inserir sons à apresentação. Para isto, basta selecionar o arquivo de som desejado.

Ordem

No caso da aplicação de efeitos a dois ou mais objetos, você pode determinar, a partir dessa ferramenta, qual a ordem de aparição desses. O objeto que tiver sua descrição no topo aparecerá primeiro. Caso você queira mudar sua ordem de aparição, basta clicar no nome do objeto e, com o botão esquerdo do mouse pressionado, movê-lo para cima ou para baixo para recolocá-lo na posição desejada.

Ao atribuir qualquer tipo de efeito a um objeto ou texto, clique depois no botão *Atribuir*, para que as suas configurações sejam confirmadas. O botão *Visualizar*, ao ser clicado, abre uma pequena janela onde uma prévia dos efeitos pode ser vista. Quando a janela abrir, com a imagem do slide atual, dê um clique sobre o objeto cujos efeitos você deseja conferir. Se preferir, dê um duplo clique sobre a imagem do slide para que sua apresentação seja visualizada.

Ainda na Barra de Ferramentas Principal, temos o botão *Interação*, que permite transformar um simples objeto do seu documento em uma espécie de botão ou link de uma página da internet. Várias ações podem ser atribuídas a esse objeto, como ir para a página anterior, ir para a última página, executar programa, tocar som, entre outras. Logo abaixo, para o caso de ser atribuído algum som a esse objeto, há um espaço em branco, onde deve ser escrito o nome do arquivo de som a ser executado. Um objeto configurado dessa forma, quando clicado duas vezes durante a apresentação, desencadeia a ação que lhe foi atribuída.

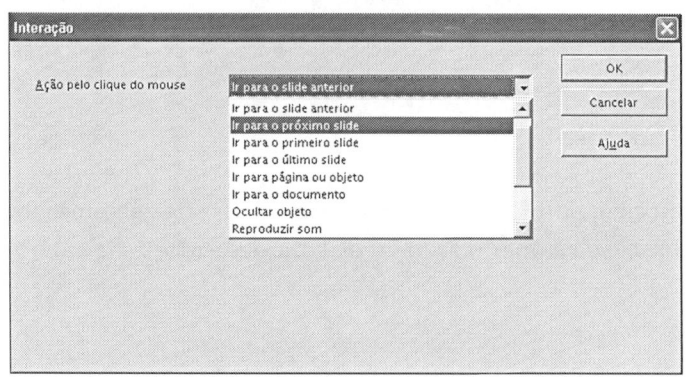

Figura 5.12: Janela Interação.

O último botão da Barra de Ferramentas Principal é o botão *Apresentação de Slides*. Depois que o seu trabalho é criado, é através dessa ferramenta que se dará a sua apresentação. O seu documento, então, passará a ocupar toda a tela e o primeiro slide será visto. Para que se dê a transição de um slide a outro, basta um clique do mouse. Você pode, também, se deslocar pelos slides usando, no teclado, as teclas **Page Down** e **Page Up** (essa, para voltar ao slide anterior), ou, ainda, as setas esquerda e direita do teclado. Usando o mouse, também é possível voltar ao slide anterior, bastando, para isso, clicar com o botão direito. Objetos e textos aos quais foram aplicados efeitos só poderão ser vistos com um clique do mouse quando o respectivo slide estiver sendo visto. Para interromper a apresentação, clique a tecla **Esc**, do teclado.

Há também, no topo da tela, as ferramentas contidas no menu Apresentação de Slides. São elas:

Apresentação de Slides

Tem a mesma função da ferramenta descrita anteriormente.

O editor de apresentações Impress   151

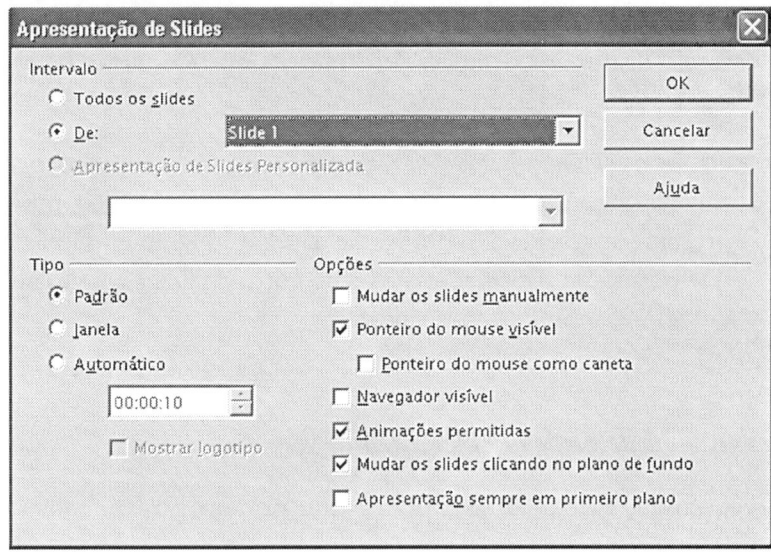

Figura 5.13: Janela Apresentação de Slides.

Ensaio Cronometrado

Um pequeno cronômetro é visualizado no canto inferior esquerdo da tela, durante a apresentação.

Configurações da Apresentação de Slides

Abre uma janela, onde diversas opções são oferecidas. Entre elas, se destacam as opções:

- *Intervalo, De* – Você determina qual slide será exibido em primeiro lugar.

- *Opções, Ponteiro do mouse como caneta* – Clicando nessa opção, você vai ter ao seu dispor um recurso muito interessante. O cursor do mouse passará a ser visto durante a apresentação, com a aparência de um lápis. Com esse, você poderá "riscar" sobre cada tela, pressionando o botão esquerdo do mouse. Esse recurso pode ser útil para que títulos ou imagens sejam destacados, com riscos e traços. Dessa forma, é possível traçar sobre os slides da apresentação como em um quadro-negro. Para que essa opção esteja disponível, é necessário que a opção anterior (*Ponteiro do mouse visível*) esteja ativada.

- *Opções, Navegador visível* – Durante a apresentação, uma pequena caixa é mostrada, onde são listados os slides que compõem a presente apresentação. Botões de navegação também são exibidos, que permitem o avanço ou o recuo entre os slides e a visualização do primeiro ou do último slide.

Apresentação de Slides Personalizada

Uma janela exibe várias opções que podem ser aplicadas à sua apresentação.

Transição do Slide

Permite que efeitos sejam aplicados à transição de um slide ao outro.

Mostrar/Ocultar Slide

Pode ser que, na sua apresentação, um slide deva ser apresentado em algumas ocasiões, mas não em outras. Nesse casos, não será possível excluí-lo nem criar duas versões da mesma apresentação. Você pode, simplesmente, optar por ocultar um ou mais slides e estes não serão exibidos até que essa opção seja modificada.

Animação

É possível criar uma animação com base em várias figuras selecionadas. Você poderá, então, visualizar cada objeto da animação, atribuir o tempo em que cada um deles será exibido e modificar a disposição desses objetos entre si.

O *editor de apresentações Impress* 153

No canto superior direito, é possível ver, no topo da barra de rolagem, seis pequenos botões, os quais permitem que a visualização do documento seja alterada. São elas:

Exibição de Desenhos

É o modo padrão, no qual o programa será aberto.

Exibição de Estrutura de Tópicos

A tela será vista como uma planilha de textos, onde todo o conteúdo de sua apresentação será lido como um texto comum. Uma pequena janela poderá ser vista, no centro da tela, contendo uma pré-visualização de cada slide.

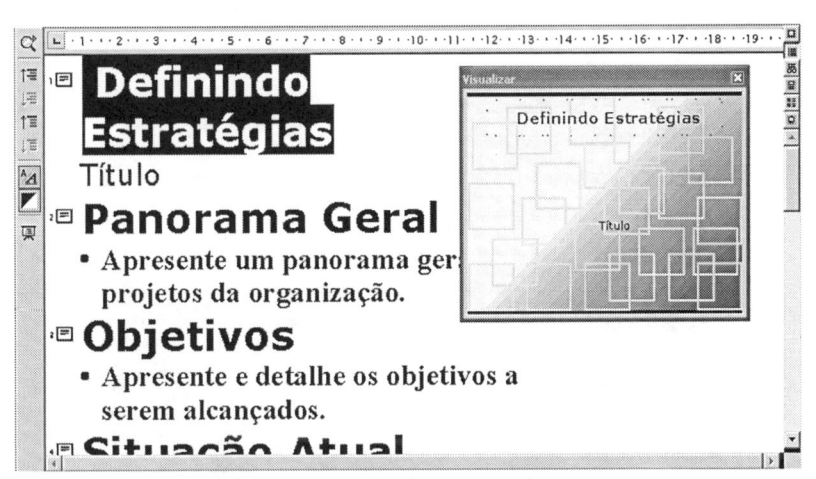

Figura 5.14: Exibição de Estrutura de Tópicos.

Exibição de Slides

Várias miniaturas, cada uma correspondente a um slide, serão vistas, enfileiradas, na tela. Isto pode facilitar uma visão geral do seu trabalho. Novamente, uma pequena janela fornece uma pré-visualização da sua apresentação. Para editar um dos slides no modo desenho, basta dar um clique duplo sobre esse.

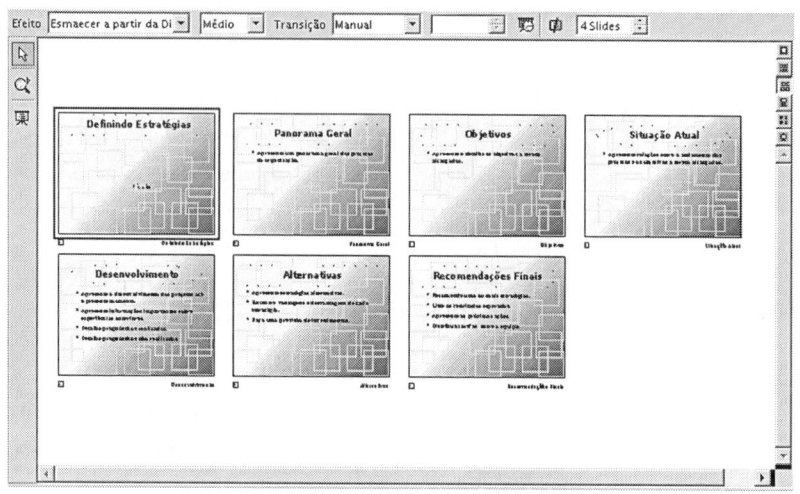

Figura 5.15: Exibição de Slides.

Exibição de Anotações

O slide é visto como em uma página do Draw. Sob esse, uma caixa de textos permite que anotações sejam acrescentadas.

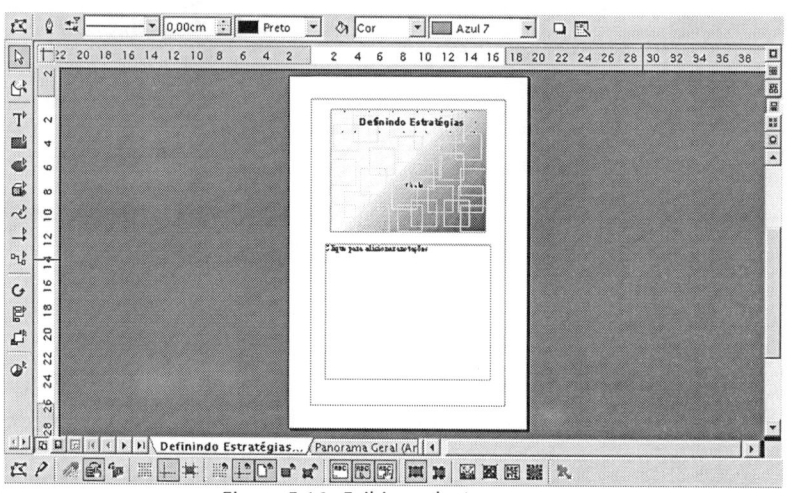

Figura 5.16: Exibição de Anotações.

Exibição de Folhetos

Uma página semelhante a um documento do Draw é aberta, contendo miniaturas de cada slide que podem ser movidos e editados como objetos comuns.

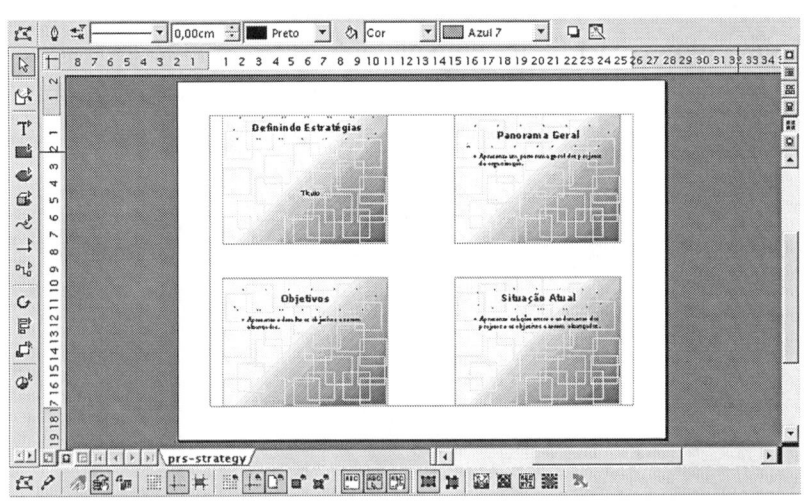

Figura 5.17: Exibição de Folhetos.

Iniciar Apresentação de Slides

Mesma função do comando Apresentação de Slides, Apresentação de Slides e da opção *Apresentação de Slides*, da Barra de Ferramentas Principal.

3 – Salvando o seu trabalho

A sua apresentação poderá ser salva em vários formatos. Esses podem ser alterados na janela que se abre quando a opção Arquivo, Salvar ou Salvar Como é acionada. Na opção *Salvar como Tipo*, o formato indicado inicialmente será o formato OpenOffice.org 1.0 Presentation. Salvando o seu trabalho desse modo, o programa irá gerar um arquivo com a extensão *.sxi*, que é a extensão padrão do Impress. Se preferir, você pode salvá-lo com a opção MS PowerPoint 97/2000/XP. Isto irá gerar um arquivo com a extensão *.ppt*, que é a extensão padrão do Microsoft PowerPoint. Salvando desse modo, você poderá exibir e editar sua apresentação também no programa similar da Microsoft. Uma vantagem desse formato sobre o primeiro é que este ocupa bem menos espaço em disco, além de tornar mais fácil a distribuição de seu arquivo para outros computadores (a probabilidade de encontrar computadores que reproduzam arquivos do PowerPoint é muito maior do que no caso de um arquivo nativo do Impress).

Capítulo 6

Documentos HTML

Antes de entrarmos nas explicações sobre a criação de documentos HTML pelo OpenOffice, é bom que se dêem aqui as explicações necessárias sobre a criação de páginas para a internet em geral. Para que você crie um site com sucesso, algumas regras devem ser seguidas à risca, independentemente do programa ou do método usado para a criação do seu trabalho. Isto evitará que você cometa os erros mais fáceis de se encontrar em boa parte das páginas da rede. Links quebrados, imagens que demoram muito para abrir ou uma programação visual poluída são erros mais do que corriqueiros. Cabe a você procurar se esquivar deles para que a sua página destaque-se pela qualidade e cative o seu público.

A maior barreira na evolução da Internet ainda é a questão da velocidade. Isto se dá principalmente no Brasil, com todos os seus problemas de telefonia. Ninguém está disposto a perder tempo em uma página que demore a ser acessada, ninguém tem mais tempo a perder com o que quer que seja. Mesmo com o acesso por banda larga crescendo, se você quiser que a sua página seja visitada por um público considerável, deve trabalhar de forma a facilitar o seu acesso à maioria dos internautas.

Para que as pessoas gostem e voltem a visitar a sua página, é preciso que esta, entre outras coisas, leve pouco tempo para ser aberta. Ninguém está disposto a perder tempo esperando que uma página surja na tela. Considere também a gigantesca gama de informações contidas na rede. Provavelmente, o usuário que visitar a sua página terá em mente vários outros endereços para visitar em seguida. Caso a sua página esteja lenta, ele não hesitará em cancelar a visualização e digitar outro endereço. Nessa questão, os textos não são problema, o que pode vir a causar dor de cabeça são, principalmente, as imagens que vão estar contidas na página.

Portanto, quanto menos espaço em disco uma imagem ocupar, mais rápido ela será visualizada. Se uma imagem grande, colorida, pode até passar dos 20 megabytes, uma imagem de Internet não deve ultrapassar os 100 kbytes, para não correr o risco de demorar a surgir na tela. Mas como fazer isso?

Não é difícil, basta apenas aplicar a cada imagem uma configuração padrão. Para começar, cada imagem do seu site deve ter a resolução de 72 dpi. Se, para a impressão, essa resolução é bem pequena, para a visualização na tela é a ideal, pois é exatamente essa a resolução do seu monitor. Isto quer dizer que, mesmo que a imagem tenha a resolução de 300 dpi, a visualização na sua tela será feita, de qualquer forma, em 72 dpi.

Ainda com relação às imagens, outra dica é quanto ao padrão de cores. No caso de gráficos coloridos, use sempre o padrão RGB, através do qual as cores são formadas por três cores básicas (vermelho, verde e azul). O padrão CMYK é composto por quatro cores básicas, o que faz com que ocupe mais espaço, sem que o resultado seja alterado na visualização da tela. Há, ainda, a opção Indexed Colors, entre as mais conhecidas, mas não é aconselhável em alguns casos, como em fotografias mais complexas, pois a definição de cores é muito baixa e compromete, dependendo do caso, a visualização. No caso de uma imagem em preto-e-branco, converta-a para grayscale.

Suas imagens devem sempre ser salvas com uma dessas duas extensões: .jpg ou .gif. Esses dois formatos foram criados para gerar uma grande compressão no espaço ocupado pelas imagens e, para a Internet, essa compressão é mais do que bem-vinda. A extensão .jpg é ideal para fotografias e ilustrações mais complexas, no padrão RGB. Ao salvar uma imagem em

.jpg, é pedido um valor de um a dez, referente ao nível de qualidade desta (quanto maior, mais qualidade). Uma imagem salva em nível 4 já garante uma boa qualidade de visualização e tem seu tamanho bastante comprimido. Já em outros casos, a extensão .gif pode ser a melhor alternativa. As imagens configuradas nesse formato passam a ter a resolução de cores em Indexed Colors ou Grayscale.

Evite criar arquivos (sejam páginas ou imagens) com nomes extensos, pois podem causar problemas após serem publicados. Crie os nomes dos arquivos da forma que vigorava no antigo DOS ou no Windows 3.1. Os arquivos deviam ter nomes com até oito letras, sem acentos ou espaços entre elas. Pois é exatamente essa a forma aconselhada para a nomeação dos arquivos do seu site. Isto se deve ao fato de que nem todos os computadores têm os mesmos programas ou sistemas operacionais, incluindo, até mesmo, o provedor onde a sua página vai ficar hospedada. Com esse tipo de cuidado, você reduz em muito a chance de alguém não conseguir acessar corretamente o conteúdo do seu site.

1 – Links

Qualquer um que tenha navegado na Internet já se familiarizou com o conceito de links. Um link representa uma ligação de um ponto a outro e pode aparecer de várias formas em uma página. São sempre de fácil identificação, pois o cursor, ao passar por cima de um link, modifica-se, adquirindo a aparência de uma mão com um dedo esticado. Um texto que representa um link tem sempre uma diferenciação, normalmente vem sublinhado e com a cor azul. Uma imagem também pode conter um ou até vários links.

Cada link pode conter um destino diferente, como os exemplos seguintes:

Link para outra página

É aquele link que possibilita a sua navegação dentro de um site. Nesse link, estará contido o nome da página para a qual ele deverá direcionar.

Link para outro site

Leva a um site diferente. Ao criar um link desse tipo, digita-se o endereço do site desejado (ex: www.exemplo.com.br).

Link para e-mail

Um link pode facilitar a correspondência dos visitantes com o criador de uma página, bastando, para isso, acrescentar sua conta de e-mail em um link (ex: clicando-se em "Fale com a gente", um e-mail é automaticamente acionado).

Link para download

Um link pode fazer a ligação a qualquer arquivo, como o arquivo de um jogo, por exemplo. Nesse caso, uma janela irá abrir, perguntando onde o usuário deseja salvar uma cópia desse arquivo ou se deseja executá-lo nesse mesmo instante. Esse processo é chamado de download e, dependendo do tamanho do arquivo, pode durar de poucos minutos até várias horas!

FIQUE ATENTO!

Não pense que as páginas do seu site serão vistas da mesma forma em todos os computadores. Lembre-se que nem todos os internautas usam as mesmas configurações e resoluções de vídeo, têm o mesmo tipo de monitor e usam o mesmo programa de acesso à Internet. Em alguns casos, a mesma página vista no Internet Explorer e no Opera (dois dos mais usados programas de navegação) apresenta mudanças de um programa para o outro.

2 – Trabalhando com HTML no OpenOffice

No OpenOffice, para que você comece a criação de um arquivo HTML, basta entrar em Documento HTML. Essa opção pode ser acessada pelo ícone disponível entre os ícones do OpenOffice na barra Iniciar, pelo ícone na Taskbar do Windows ou pela opção Arquivo, Novo, Documento HTML.

Feito isso, o que você verá na tela é uma interface bem próxima da interface do Writer, adaptada para dar mais ênfase às opções típicas para a criação de uma página para a Internet. A digitação, edição e formatação de textos é feita de forma idêntica à de qualquer documento de textos. Mas é recomendável cautela na hora de escolher as fontes. Para que o visitante visualize a página com as fontes que você escolheu, ele também precisa ter essas fontes instaladas em seu computador. Daí, como a quantidade de fontes existentes é gigantesca e ninguém tem como ter sequer uma parte representativa delas instaladas em seu computador, passe a usar somente aquelas que já vem com o sistema e que, portanto, quase todos os visitantes devem tê-las instaladas. Arial, Verdana e Times New Roman são as mais comuns.

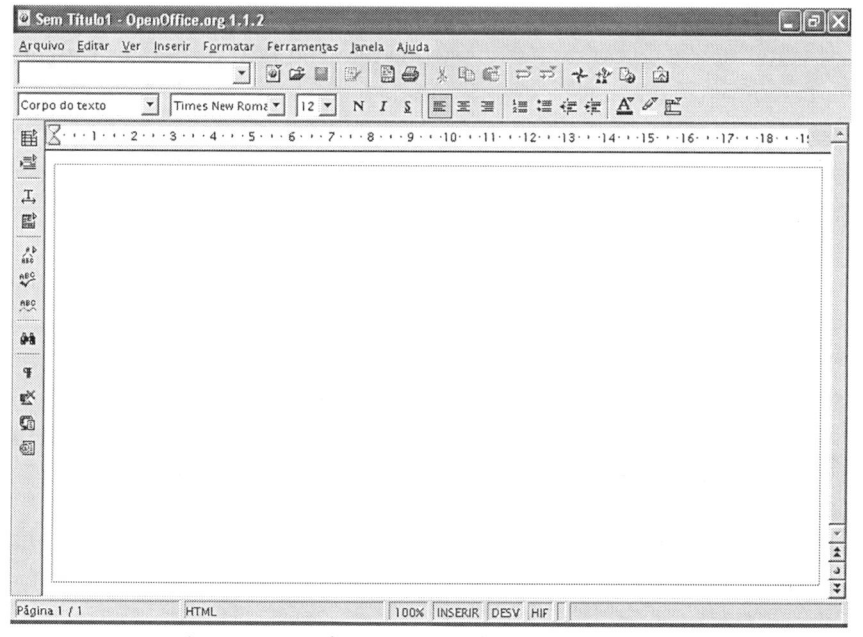

Figura 6.1: Interface para a tarefa Documento HTML.

A Barra de Objetos vai exibir as mesmas ferramentas para alterar os caracteres e formatar cada parágrafo. O trabalho de importação de imagens também é igual.

Já uma imagem é selecionada da mesma forma usada em programas de edição de imagens vetoriais (CorelDraw, Illustrator, Draw, entre outros). Basta um clique em qualquer ponto da imagem, que ela já estará selecionada, marcada com oito quadradinhos pretos ao seu redor. É através desses quadradinhos que você poderá alterar seu tamanho e sua proporção.

Entretanto, com tantas semelhanças entre a digitação de textos e a criação de uma página HTML, a diferença entre essas duas tarefas dá-se no momento da aplicação de um visual de página da web no seu documento, além da criação de links de uma página a outra, a um arquivo para download ou a uma conta de e-mail.

Conclui-se, portanto, que, graças às informações que já foram obtidas nesse livro, você já tem meio caminho andado para criar sua página HTML. Se for daqueles usuários curiosos, que vão mexendo até aprender, talvez nem precise ler esse capítulo até o fim. Mas, para que todas as dúvidas sejam esclarecidas, vamos fazer uma análise usando a explicação de cada uma de suas ferramentas como ponto de partida para explicar os demais trabalhos que fazem parte da criação de um site da web.

3 – Iniciando a criação de sua página HTML

Ao clicar na área em branco da página, o programa estará pronto para receber a digitação de um texto. Portanto, você pode ver que a Barra de Objetos, nessa ocasião, mostra exatamente as mesmas ferramentas disponíveis ao Writer. Através dessas, você vai alinhar o parágrafo, numerar os itens de uma lista, aumentar ou trocar a fonte dos caracteres e definir se estes aparecerão em negrito ou em itálico.

Essa barra só vai se modificar quando uma imagem for importada. Para isso, clique em Inserir, Figura e escolha o arquivo correspondente.

Documentos HTML 163

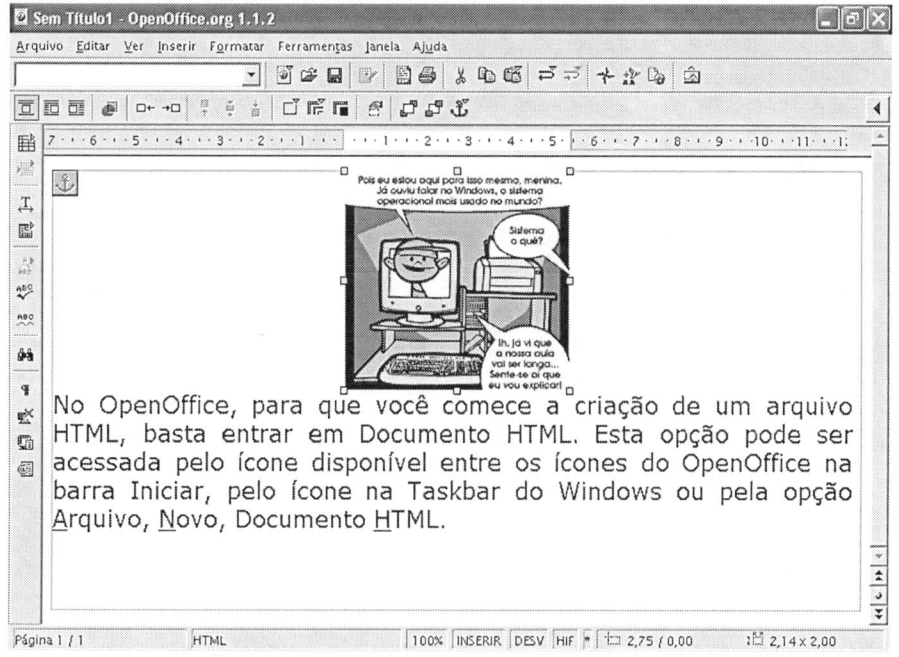

Figura 6.2 Figura inserida no documento HTML.

Ao selecioná-la com um clique, as ferramentas que têm relação com esse contexto poderão ser vistas na Barra de Objetos. Essas ferramentas são:

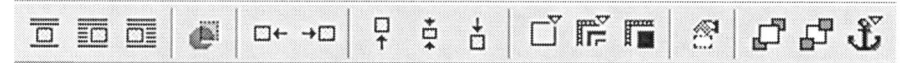

Figura 6.3: Barra de Objetos.

Alterar Âncora

Apesar dessa ser a última opção da Barra de Objetos, é mais apropriado começarmos por ela, pois o seu uso influi na disponibilidade ou não das ferramentas comentadas a seguir. Por essa opção, a imagem importada pode ser ancorada (encaixada) ao documento de formas diferentes. Para isso, basta escolher uma das opções oferecidas no menu que se abre a partir da ferramenta *Alterar Âncora*.

- *Página* – A imagem fica livre na página, podendo ser movimentada e posicionada em qualquer ponto, até mesmo por cima de um texto.

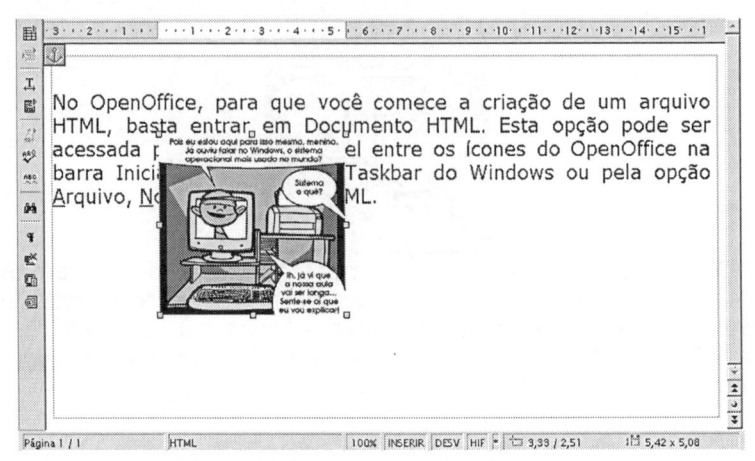

Figura 6.4: Imagem ancorada pela página.

- *Parágrafo* – A imagem se encaixa ao texto. Ela passa então a ocupar um determinado número de linhas, dependendo de seu tamanho, e pode ser alinhada à esquerda, à direita ou centralizada, como um parágrafo selecionado.

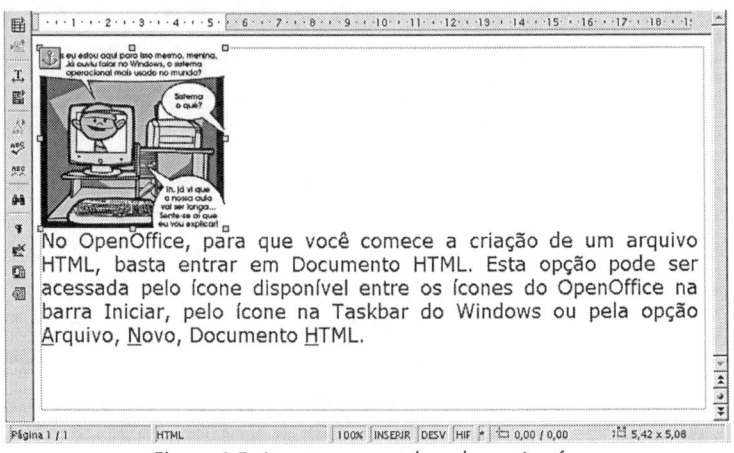

Figura 6.5: Imagem ancorada pelo parágrafo.

Documentos HTML 165

- *Ao Caractere* – Ancora a imagem selecionada a um caractere.

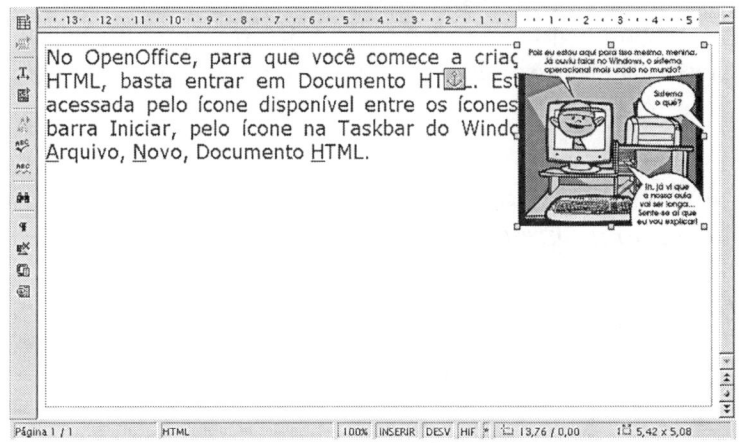

Figura 6.6: Imagem ancorada ao caractere.

- *Como Caractere* – Ancora a imagem selecionada como um caractere no texto atual. Se a altura da imagem for superior ao tamanho de fonte atual, a altura da linha onde ela for inserida é aumentada.

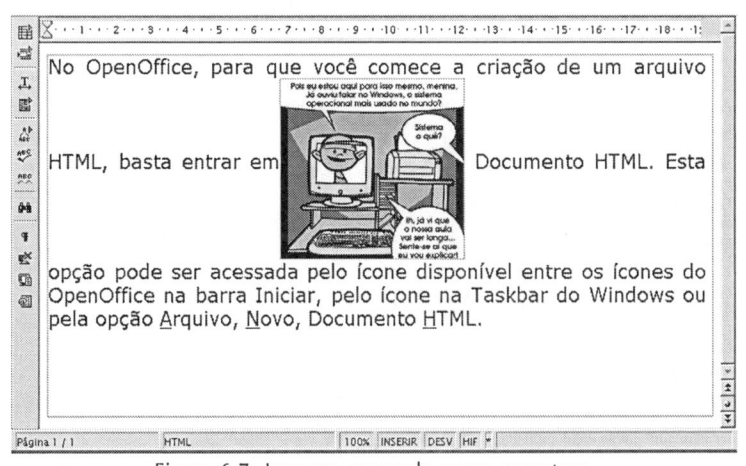

Figura 6.7: Imagem ancorada como caractere.

Desativar Ajuste de Texto

Quando uma imagem é importada, o texto que já houver na página adapta-se ao seu redor. Caso você prefira que a imagem esteja isolada do texto, clique nessa opção e esse ajuste será eliminado.

Ajuste de Texto à Esquerda
Ajuste de Texto à Direita

Permite que a imagem selecionada seja colocada ao lado de um bloco de texto. Caso uma dessas opções não seja usada, o texto aparecerá apenas em cima ou embaixo da imagem.

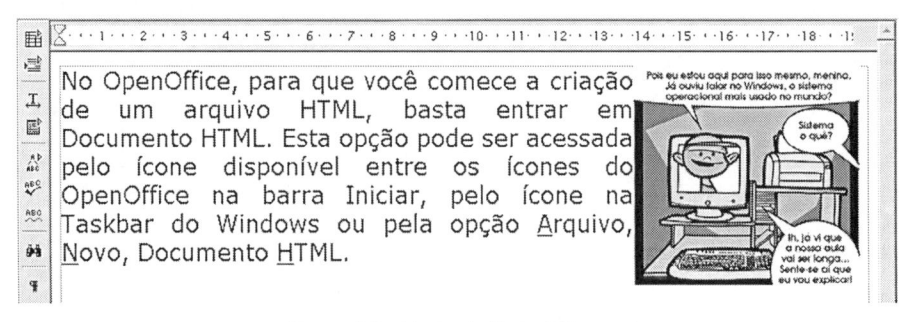

Figura 6.8: Ajuste de Texto à Esquerda.

Editor do Mapa de Imagem

Abre a janela *Editor do Mapa de Imagem*. Sua imagem será vista nessa janela e é oferecida a possibilidade de transformá-la em uma imagem mapeada. Imagem mapeada é aquela que traz um ou mais links contidos, que são ativados com um clique nos pontos determinados. Um exemplo: você pode mostrar um desenho em que apareça o planeta Terra e a Lua. É possível, então, aplicar um link somente sobre a imagem da Terra e outro sobre a imagem da Lua. Dessa forma, uma mesma imagem passará a conter dois links diferentes. Nesse caso, pode ser que, clicando na imagem da Terra, um texto sobre o nosso planeta seja exibido. Clicando sobre a Lua,

Figura 6.9: Editor de Mapa de Imagem.

talvez apareça uma página contendo informações diversas sobre o nosso satélite natural.

A criação de uma imagem mapeada é muito fácil. Você pode ver que, na parte superior dessa janela, uma barra de ferramentas é mostrada. Escolha uma das formas simples (quadrado ou círculo), pois outros tipos podem acabar complicando o seu trabalho sem necessidade. Basta desenhar uma dessas formas sobre a área que deve conter o link desejado. Ao traçar a forma, os quadros logo acima da imagem estarão disponíveis e você deve escrever a que endereço esse link remete e o texto que deverá aparecer quando o cursor for colocado sobre essa área. Repita esse processo tantas vezes quantas forem o número de links que você deseja acrescentar. Clicando em *Aplicar* e fechando a janela, o seu trabalho estará completo com sucesso.

Alinhar à Esquerda
Alinhar à Direita

Alinha a imagem na direção desejada, como é feito o alinhamento de parágrafos.

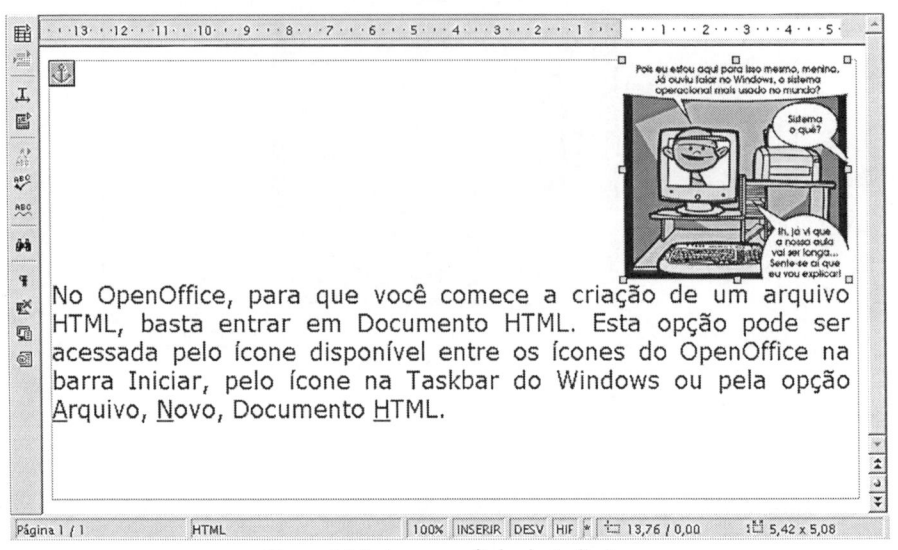

Figura 6.10: Imagem alinhada à direita.

Alinhar Acima
Alinhar o Centro Vertical
Alinhar Abaixo

Aplica os alinhamentos descritos, no sentido vertical. Essas opções só estarão disponíveis para imagens ancoradas pela página.

Bordas

Acrescenta uma linha de contorno nas bordas da imagem. Ao clicar nessa opção, uma pequena tabela de oito opções é mostrada. Em cada item, um preview mostra as opções, que podem ser a de acrescentar contorno somente na base, somente na lateral esquerda, em cima e embaixo, nas laterais, entre outras. Basta, então, clicar no preview que simboliza a forma desejada.

Estilo de Linha

Permite a modificação da linha de contorno aplicada a uma imagem. Pela tabela de opções que aparece ao clicar-se nessa opção, você deve escolher a espessura e o tipo da linha de contorno a ser aplicada em sua imagem.

Figura 6.11: Imagem com contorno.

Cor da Linha (da borda)

Oferece diversas opções de cores, e você deve escolher com um clique a cor na qual deseja que o contorno ao redor da imagem apareça.

Propriedades da Figura

Abre uma caixa com várias opções a serem aplicadas à imagem selecionada. Por essas, você pode digitar valores para o tamanho da imagem, especificar links, nomear a figura, acrescentar e configurar bordas, entre várias outras opções.

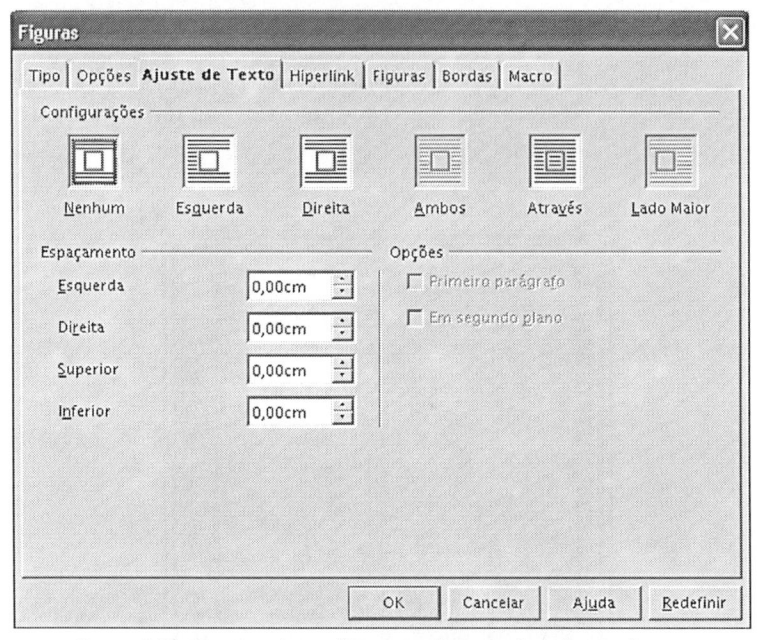

Figura 6.12: Opções de configuração das propriedades da figura.

Trazer para a Frente
Trazer para Trás

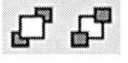

Permite a organização da ordem de aparição entre dois ou mais objetos.

4 – Criando Links

Na hora de criar um link, o ponto de partida pode ser um trecho de um texto ou uma imagem. Em ambos os casos, você precisa selecionar onde

Documentos HTML   171

deseja acrescentar esse link – se for uma imagem, selecione-a com um clique e, se for um trecho do texto, selecione-o da mesma forma que se selecionam caracteres para alterar sua configuração. Feito isso, clique em Inserir, Hiperlink.

Feito isso, a janela *Hiperlink* é aberta. À sua esquerda, quatro opções: *Internet*, *Correio e Notícias*, *Documento* e *Novo Documento*.

A primeira opção – *Internet* – permite que você crie links para outros endereços na rede mundial. Para isso, é necessário apenas digitar o endereço da página para a qual o link deverá apontar no campo *Destino*, mantendo a opção *Internet*, na seção *Tipo de Hiperlink*, selecionada. Ainda em *Tipo de Hiperlink*, você pode ainda selecionar as opções *FTP* e *Telnet*, caso sejam esses os protocolos do link a ser criado.

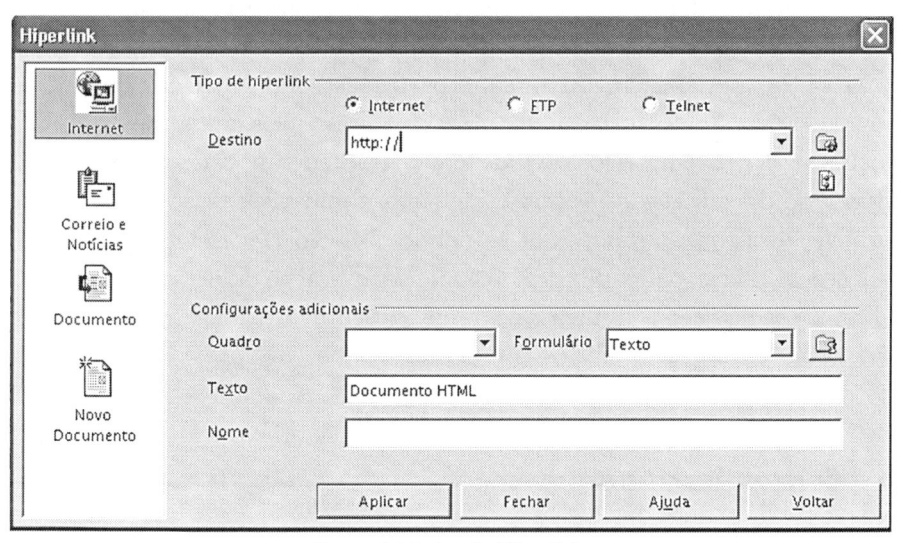

Figura 6.13: Janela Hiperlink.

Em *Correios e Notícias*, você deve escrever, no campo *Destinatário*, o e-mail para o qual esse link deverá apontar (mantendo a opção *E-mail* selecionada), ou ainda o endereço do serviço de notícias em questão (selecionando a opção *Notícias*). Em *Assunto*, você pode já deixar digitado um texto para aparecer automaticamente como assunto de todos os e-mails que forem enviados a partir desse mesmo link. Por exemplo: caso o link esteja na chamada "Tire suas dúvidas", o assunto pode ser configurado automaticamente como "Minhas dúvidas", para facilitar a comunicação com o visitante do seu site.

Na opção *Documento*, você deverá selecionar o arquivo para o qual esse link deverá conduzir o internauta. Na opção *Caminho*, você pode selecionar um outro arquivo que faça parte do site, para que este seja lido ou baixado pelo internauta. Para selecioná-lo, basta clicar no ícone *Abrir Arquivo*, logo ao lado.

Já em *Novo Documento*, você cria o link para o arquivo que ainda será criado. Isso pode ser bem útil quando você está a criar o seu site e deseja criar cada nova página a partir do link na página inicial. Por exemplo: ao fazer um site sobre sua carreira profissional, você pode criar na página inicial o link "Escolaridade" para, em seguida, criar uma nova página e digitar sua formação. Feito isso, ao voltar à página inicial, o link seguinte é criado, onde se lê experiência profissional. A partir desse link, você cria uma nova página descrevendo todas as empresas para as quais trabalhou, e assim sucessivamente. Para isso, você deverá selecionar o tipo de arquivo a ser criado na opção *Tipo de arquivo* e digitar o nome a ser dado a esse novo arquivo, no campo *Arquivo*. Selecionando a opção *Editar agora*, uma nova janela será aberta, para que você possa iniciar a criação do novo documento. Mas, se você quiser continuar a elaborar o documento atual, marque *Editar mais tarde*.

5 – Outras ferramentas

O menu *Inserir* ainda oferece outras opções. Apesar de estar em desuso e ser esteticamente questionável, a opção Inserir, Régua Horizontal oferece diversos tipos de barras horizontais para que você possa separar trechos diferentes de uma mesma página.

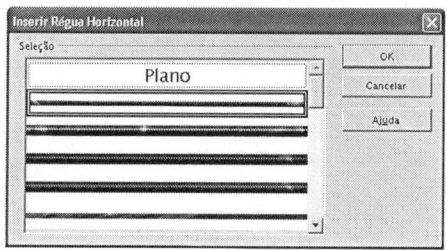

Figura 6.14: Janela Inserir Régua Horizontal.

Temos ainda a opção Inserir, Tabela, que abrirá uma janela na qual você deverá especificar quantas colunas e quantas linhas deverá ter a tabela a ser criada. Por meio de tabelas, você pode organizar melhor o conteúdo e as informações de sua página.

Com um clique na opção Ver, Código Fonte HTML, é mostrado o equivalente à página criada em código HTML, permitindo que modificações sejam feitas a partir dessa linguagem. Para voltar a visualizar a página, clique novamente nessa opção, desativando-a.

De resto, há todas as opções disponíveis para a edição de textos, como a verificação ortográfica, a formatação de parágrafos, entre outras. Essas foram bem explicadas no capítulo referente ao Writer e não é necessário comentá-las aqui novamente.

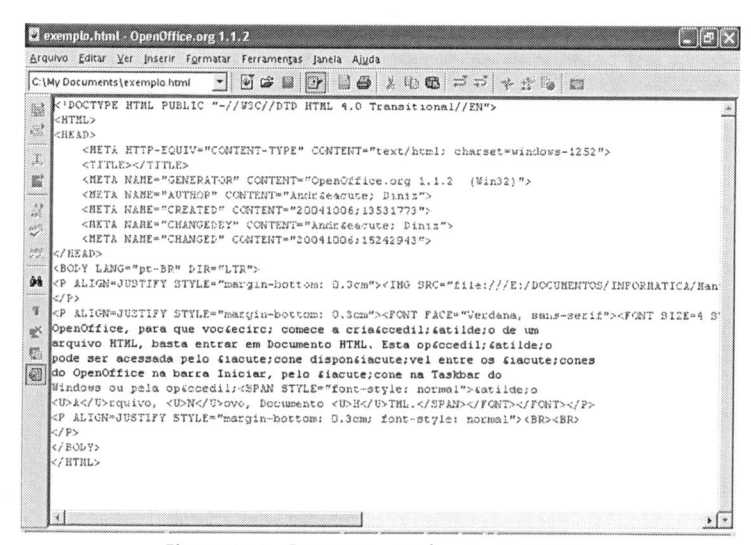

Figura 6.15: Opção Ver, Código Fonte HTML.

Capítulo 7

Configurações Gerais

Para que um programa possa ser adotado por diferentes tipos de usuários, é muito importante que ele ofereça opções para que cada um o configure de acordo com suas necessidades e preferências particulares.

Pois o OpenOffice está longe de ser uma exceção a essa regra. A partir de qualquer um dos aplicativos que compõem o pacote, é possível alterar as configurações referentes aos programas isoladamente e ao pacote como um todo.

Independentemente de qual for o aplicativo OpenOffice que esteja rodando, você deve clicar em Ferramentas, Opções para ter acesso às opções de configuração.

A caixa que será aberta divide-se em duas. A primeira coluna oferece diversos tópicos e subtópicos, separando os tipos possíveis de configurações que podem ser modificadas. Já na área principal, à direita, serão exibidos os dados a serem modificados. A seguir, os tópicos e subtópicos de configuração mais relevantes serão listados e terão suas principais opções comentadas.

1 – Tópico OpenOffice.org

Dados do Usuário

Nessa opção, caso você ainda não tenha se registrado como usuário do OpenOffice, você deverá acrescentar todos os seus dados. A vantagem é que algumas ferramentas do Writer facilitam o seu trabalho quando você precisa se identificar de alguma forma no documento que está sendo editado, como na hora de acrescentar os dados do remetente ao digitar dados de um envelope, só para dar um exemplo. Registrando todos os seus dados, estes serão inseridos automaticamente quando for o caso, poupando tempo e trabalho de digitação.

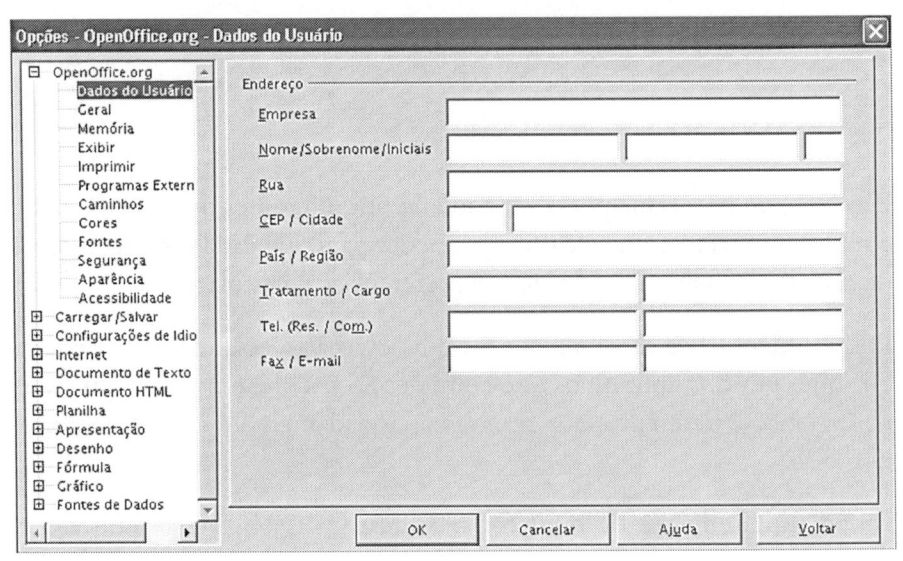

Figura 7.1: Janela Opções - OpenOffice.org - Dados do Usuário.

Memória

Através das opções desse tópico, é possível adequar o funcionamento do OpenOffice ao seu computador, de forma a melhorar sua performance ou a aproveitar ao máximo os recursos de seu equipamento.

Em Desfazer, Número de passos, você pode alterar o número de vezes consecutivas que o recurso Editar, Desfazer pode ser usado. O número padrão é 20. Isso quer dizer que o seu computador não só está trabalhando nas alterações atuais do seu documento, mas está também retendo em sua memória as vinte últimas alterações, para que elas possam ser desfeitas. Se você acha que o OpenOffice está funcionando de forma lenta ou que ele está dando erros freqüentemente, e se o seu computador não é nenhuma supermáquina, pode ser aconselhável diminuir o valor dessa opção. Porém, se você usa e abusa do direito de experimentar e depois voltar atrás na criação de seus documentos e o seu computador tem bastante memória RAM, pode ser uma boa idéia aumentar esse valor para o número de vezes que lhe for mais adequado.

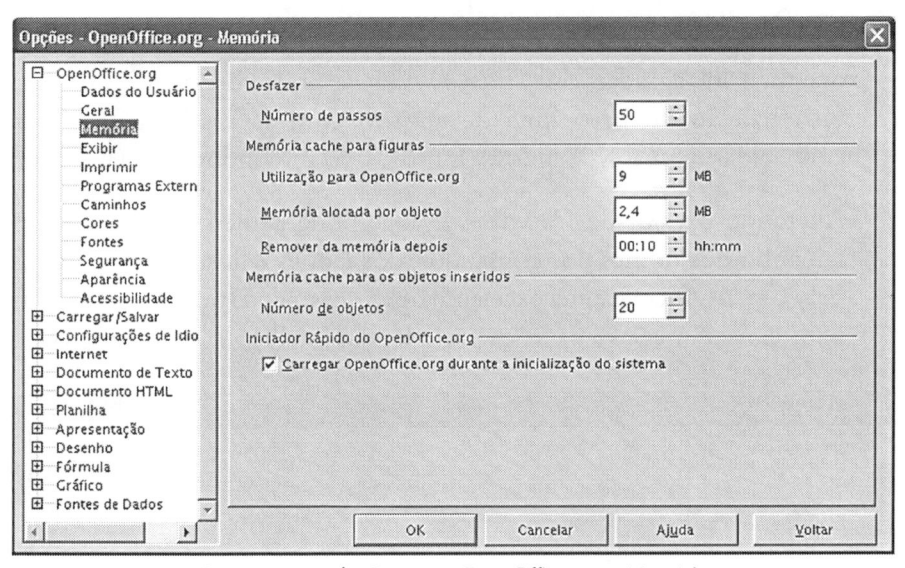

Figura 7.2: Janela Opções - OpenOffice.org - Memória.

Logo abaixo, há opções referentes à memória cache usada pelo programa. A dica é a mesma: diminua os valores caso o seu computador não esteja dando conta do recado e não faça alterações, ou mesmo aumente os valores se o seu computador está esbanjando recursos.

Para os usuários do Windows, mantendo marcada a opção *Carregar OpenOffice.org durante a inicialização do sistema*, você garante uma melhor performance do pacote como um todo e uma maior rapidez em sua inicialização. Isso faz com que o programa seja parcialmente inicializado logo que o sistema é acessado, o que faz com que um pequeno ícone do programa seja visto na barra Iniciar, ao lado do relógio do Windows. Caso essa opção seja desmarcada, o OpenOffice será iniciado somente quando o usuário clicar em um dos seus ícones, como a maior parte dos programas tradicionais. A diferença é que a inicialização geral do Windows pode ficar um pouco mais lenta. Aí cabe a cada usuário testar e ver qual opção lhe é mais adequada.

Exibir

Nesse tópico, você pode configurar o visual do OpenOffice da forma que mais lhe agradar. Em *Estilo da interface*, pode-se mudar o estilo de visualização do programa de acordo com as plataformas mais conhecidas, como X-Window (Linux), OS/2, Windows e Macintosh.

Alterando o valor de *Dimensionar*, você pode aumentar ou reduzir o tamanho dos nomes dos comandos, dos ícones e dos menus exibidos pelo OpenOffice. É uma excelente opção caso você queira alternativas para cansar menos sua vista ou adequar melhor a visualização do

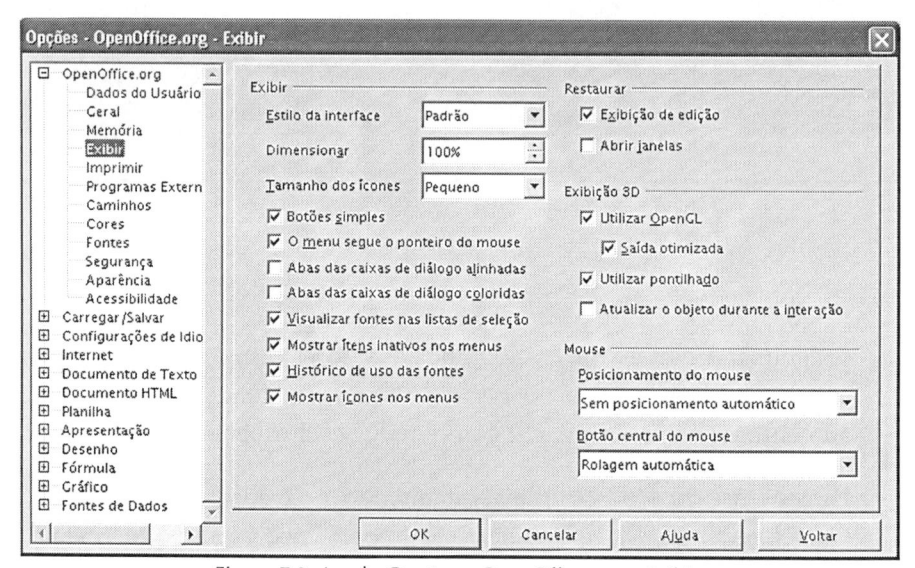

Figura 7.3: Janela Opções - OpenOffice.org - Exibir.

programa a despeito de resoluções de vídeo que não sejam tão adequadas ao programa. Para quem usa resolução de vídeo 1024 X 768, pode ser uma ótima opção configurar o valor em 120%, pois isso não distorce a visualização dos recursos do programa nem fica algo exagerado, e você precisa de menos esforço visual para ler as informações do programa.

Além dessas opções, há ainda a possibilidade de aumentar o tamanho dos ícones, de configurar ou não o visual dos botões como planos, mostrar ou ocultar itens inativos do menu entre outras.

Programas Externos

Permite configurar qual o programa que você usa para o envio de e-mails, e ele será usado quando alguma função do OpenOffice permitir ou exigir o envio de qualquer mensagem eletrônica. Então, o programa configurado será acessado automaticamente.

2 – Tópico Carregar/Salvar

Geral

Marcando a opção *Sempre criar uma cópia de backup*, você terá sempre uma nova cópia do seu documento a cada vez que este for salvo. É uma forma segura de prevenir qualquer perda acidental de informações.

Da mesma forma, a opção *Salvar automaticamente a cada 15 minutos* faz com que você não se esqueça de salvar o documento enquanto trabalha nele. Assim, se o programa ou o sistema travar durante seu trabalho, você não precisará recomeçar tudo a partir do zero.

Você pode ainda alterar o tempo que o programa salva automaticamente o documento e pode pedir que o programa avise e peça sua confirmação antes de salvar seu trabalho. Para isso, mantenha marcada a opção *Avisar para salvar*.

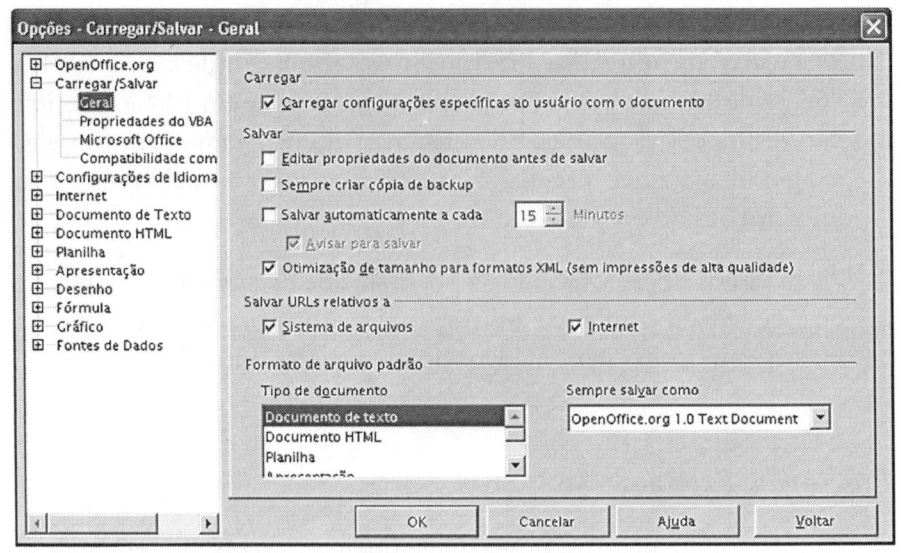

Figura 7.4: Janela Opções - Carregar/Salvar - Geral.

Em *Formato de arquivo padrão*, é possível mudar o tipo de arquivo no qual o seu trabalho será salvo por padrão. Selecione a categoria do arquivo em *Tipo de documento* e escolha a extensão desejada em *Sempre salvar como*. Dessa forma, se você prefere trabalhar com arquivos de texto no formato .doc (só para dar um exemplo), é possível configurar este como formato padrão no lugar do .sxw, formato nativo do OpenOffice. Daí, você não precisará alterar a extensão sempre que for salvar um novo documento.

3 – Tópico Documentos de texto

Geral

Essa opção permite configurar ou não a atualização automática de vínculos, alterar a unidade de medida padrão (a unidade configurada inicialmente é centímetros), entre outras opções.

Exibir

Guias e barras podem ser ocultadas ou exibidas. Você pode acrescentar a régua vertical para ser vista à esquerda do documento, ocultar ou exibir as barras de rolagem, além de tabelas, figuras e desenhos contidos nos documentos, entre outras opções.

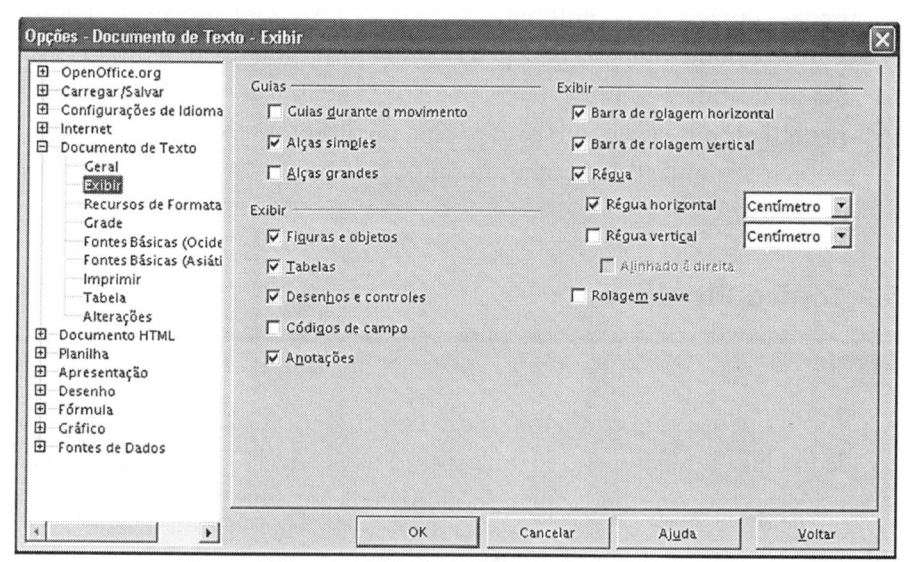

Figura 7.5: Janela Opções - Documentos de Texto - Exibir.

Fontes básicas (Ocidentais)

Por essa opção, podem-se alterar as fontes usadas inicialmente como padrão quando um novo documento é iniciado.

Tabela

Altera a configuração padrão de tabelas criadas em documentos de texto. Pode-se mudar o espaçamento e as medidas das células, seu comportamento quanto ao formato e a proporção, entre outras configurações.

4 – Tópico Documento HTML

Exibir

Opções semelhantes às oferecidas para a configuração de arquivos de texto. Exibir ou não barras de rolagem, réguas, visualização ou não de alças ao mover objetos, além da possibilidade de alterar a unidade de medida (apesar de o centímetro ser a unidade padrão, nesse caso pode ser interessante mudá-la para pixels. Isso porque um documento HTML não se destina à impressão, e sim à sua visualização na tela. E o pixel é a unidade adotada como padrão para medir resolução da tela, imagens e objetos otimizados para a internet).

5 – Tópico Planilha

Geral

Várias opções para configurar o uso do programa Calc. Unidade padrão de medida, intervalo entre tabulações, o uso da tecla **Enter** (para mover a seleção ou para mudar para modo de edição), entre outras opções.

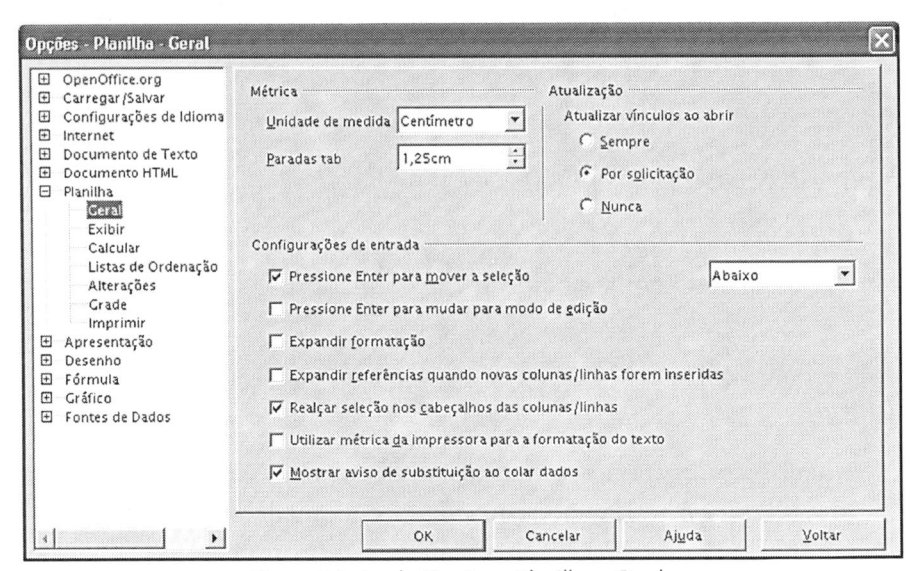

Figura 7.6: Janela Opções - Planilha - Geral.

Exibir

Configure as linhas de grade para serem ou não exibidas e com que cor, exibir ou não itens como fórmulas, indicadores, âncora e valores zero, cabeçalhos, barras de rolagem e objetos diversos.

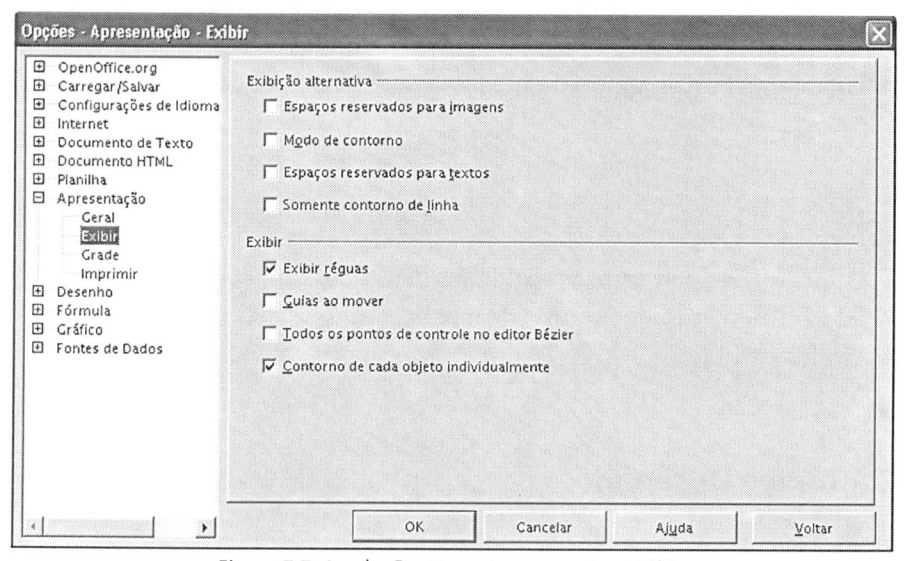

Figura 7.7: Janela Opções - Apresentação - Exibir.

Calcular

Escolha o formato padrão para a exibição de datas, opte ou não pela diferenciação entre letras maiúsculas ou minúsculas, decida o número de casas decimais a ser usado (o padrão é dois), além de outras opções de configuração.

Listas de Ordenação

Configure a forma como tipos de listas específicos serão exibidas (como os dias da semana e os meses).

6 – Tópico Apresentação

Geral

Pelas opções oferecidas aqui, você pode escolher a melhor forma de trabalhar com o Impress. É possível selecionar a forma como a edição do arquivo é feita (permitindo ou não edição somente do texto). Você pode optar pelo programa ser iniciado no modo assistente ou no modo tradicional, configurar a unidade de medida, entre outros dados.

Exibir

Opte ou não pela exibição de alguns itens que compõem um documento de apresentação e por guias de auxílio, como réguas e contornos entre todos os objetos.

7 – Tópico Desenho

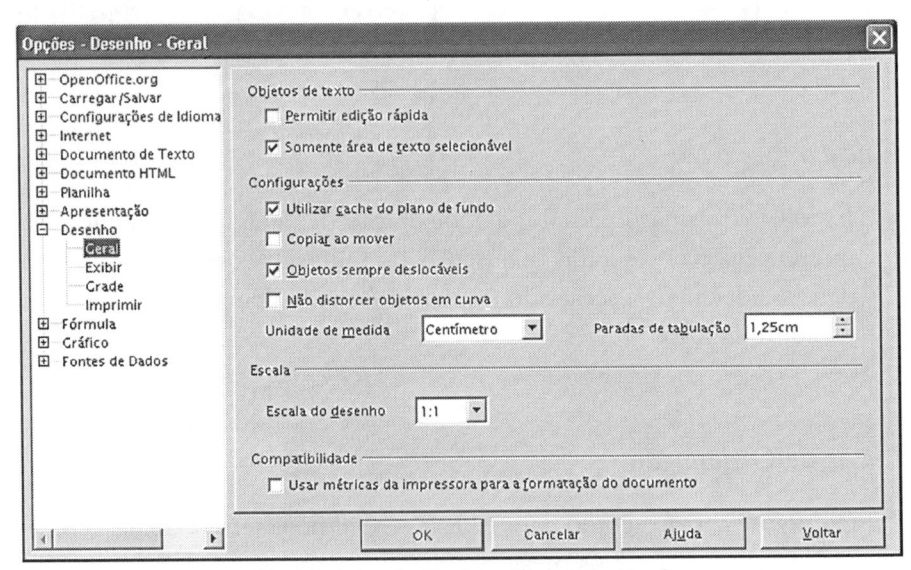

Figura 7.8: Janela Opções - Desenho - Geral.

Geral

Configurações básicas para o uso do programa Draw. Opções para seleção e movimento de objetos, unidades de medida, entre outras opções.

8 – Tópico Gráfico

Cores padrão

Escolha as cores que serão usadas como padrão para a criação de gráficos.

Desvendando e dominando o Photoshop CS

Autor: *André Diniz*
160 páginas
ISBN: 85-7393-402-6

Alguém ainda tem dúvida quanto à supremacia do Photoshop entre os softwares gráficos? Reinando absoluto, no primeiro lugar, na preferência tanto dos profissionais como dos usuários domésticos, o Photoshop vem, na versão CS (equivalente à versão 8) não só confirmar, mas reforçar ainda mais esta liderança.

Desvendando e Dominando o Photoshop CS, este livro que o leitor tem em mãos, veio para descomplicar. Cada página foi criada de forma a atender tanto às necessidades de quem começa a usar profissionalmente este programa quanto às do leitor que nem fazia questão de ter o Photoshop em seu micro, até comprar sua primeira câmera digital. Seja qual for o extremo no qual você se situa, as lições aqui contidas, escritas em uma linguagem simples, sucinta, clara e fartamente ilustradas, cumprirão certamente o objetivo de desmistificar o uso do Photoshop CS, tornando fácil e prazeroso o que parecia complicado.

À venda nas melhores livrarias.

EDITORA CIÊNCIA MODERNA

Windows XP
Informática em Quadrinhos para crianças, seus pais e avós

Autor: *André Diniz*
95 páginas
ISBN: 85-7393-350-X

Windows XP – Informática em Quadrinhos para Crianças, seus Pais e Avós é uma forma bem divertida e descontraída de se aprender a usar o sistema operacional mais popular em todo o mundo! Com o casamento perfeito entre imagens e textos que só as histórias em quadrinhos oferecem, além de uma linguagem ágil e descomplicada, este livro certamente é a pedida certa para quem quer desvendar o Windows!

À venda nas melhores livrarias.

EDITORA CIÊNCIA MODERNA

A arte da fotografia digital

Autor: André Luiz de Alvarenga
256 páginas
ISBN: 85-7393-385-2

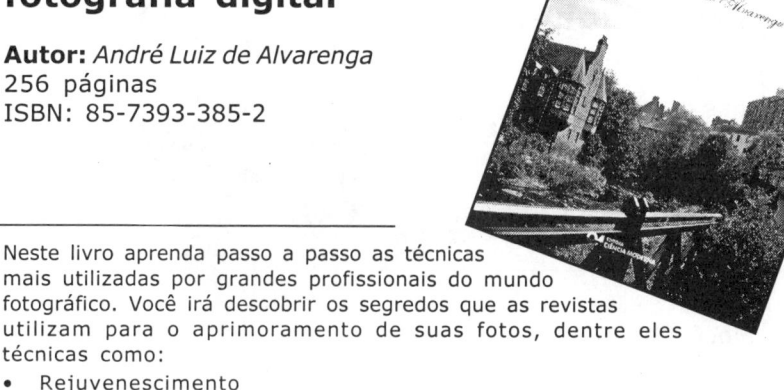

Neste livro aprenda passo a passo as técnicas mais utilizadas por grandes profissionais do mundo fotográfico. Você irá descobrir os segredos que as revistas utilizam para o aprimoramento de suas fotos, dentre eles técnicas como:
- Rejuvenescimento
- Remoção de manchas
- Correção de imperfeições faciais
- Troca de cores de cabelo e de roupas
- Troca de cores dos olhos

A fotografia artística também é abordada, com técnicas para:
- Conversão de fotos coloridas em preto e branco
- Utilização de filtros de cores em imagens
- Produção de imagens em infra-red
- Criação de fotos panorâmicas
- Restauração avançada de fotos

Para o fotográfo tradicional, todas as técnicas utilizadas em sala escura também foram abordadas neste livro. Aprenda várias técnicas digitais, tais como:
- Colorir fotos em preto e branco
- Realizar simulação de revelação em processamento cruzado C41 em E6 e vice versa
- Remover sombras e corrigir nitidez e cores
- Corrigir olhos vermelhos

À venda nas melhores livrarias.

EDITORA CIÊNCIA MODERNA

Fotolog e Fotografia Digital

Autor: *João Vicente Costa*
232 páginas
ISBN: 85-7393-370-4

Pronto, você finalmente comprou sua câmera digital ou quer comprar uma para também poder entrar na mania de fotologs que tomou conta do Brasil. Mas como fazer fotos realmente boas, que atraiam a atenção das pessoas? Como fazer aqueles efeitos incríveis que você vê na Internet?

Com este livro, você vai finalmente entender o que é e como funciona um fotolog, saber tudo o que deve e o que não deve fazer, conhecer os recursos das câmeras digitais e as técnicas mais usadas dos programas de edição de imagens, além de ficar por dentro de vários truques e segredos usados por fotógrafos para transformar uma simples cena em uma bela imagem. Você agora pode criar ou melhorar seu fotolog e seus álbuns de fotografia digital e ter certeza de que irá agradar a todos os seus visitantes!

À venda nas melhores livrarias.

EDITORA CIÊNCIA MODERNA

Photoshop 7
Truques Espertos

Autor: *Scott Kelby*
284 páginas
ISBN: 85-7393-216-3

Se você estiver disposto a aprender o essencial sem exageros; se estiver pronto para começar a criar os mesmos efeitos que vê em revistas, na televisão e na Internet; se estiver pronto para desencadear um mundo de efeitos especiais de cair o queixo e que não estão no mapa, este livro é para você!

Autor de best-sellers, Scott Kelby, editor da revista *Photoshop®ö User* e um dos mais famosos gurus de Photoshop da atualidade, está de volta para desvendar vários dos novos segredos mais bem guardados de efeitos especiais. Usando o seu método simples passo a passo com quase 700 imagens coloridas, você verá exatamente como são criados. Este livro foi escrito de forma tão clara e tão fácil de acompanhar que você será capaz de criar imediatamente todos esse efeitos por si próprio.

À venda nas melhores livrarias.

EDITORA CIÊNCIA MODERNA

Impressão e acabamento
Gráfica da Editora Ciência Moderna Ltda.
Tel: (21) 2201-6662